Rita Reutter

WEGE,
DIE ICH GEGANGEN BIN

– trotz Polio glücklich –

Mit vielen Fotos,

überwiegend von Otto, Rita und Tanja Reutter,
Richard Kosowski sowie Freunden und Bekannten.

**Bibliografische Information
der Deutschen Bibliothek**

Die Deutsche Bibliothek verzeichnet diese Publikation in der Deutschen Nationalbibliografie; detaillierte bibliografische Daten sind im Internet über http://dnb.ddb.de abrufbar.

© Copyright 2008
Alle Rechte bleiben der Autorin Rita Reutter vorbehalten.
Es gelten die gesetzlichen Bestimmungen des Urheberrechtsgesetzes der Bundesrepublik Deutschland vom 09.09.1965 in der Fassung vom 24.06.1985.
Zuwiderhandlungen unterliegen den Strafbestimmungen des Urheberrechtsgesetzes.
Printed in Germany

Fotos: Otto Reutter
       Rita Reutter
       Tanja Reutter
       Richard Kosowski
       und viele private Fotos
       Foto von Mirek Nadobnik (privat)
Illustration Fehlerteufel: Tanja Reutter

Für die Richtigkeit und Vollständigkeit der Angaben und Daten kann keine Gewähr übernommen werden.
Buchgestaltung: Nüsse Design, Hamburg
Herstellung und Verlag: Books on Demand GmbH, Norderstedt

ISBN 978-3-8334-7333-3

*"Die wahren Entdeckungsreisen
bestehen nicht darin,
neue Landschaften
aufzusuchen, sondern darin,
neue Augen zu haben."*

Marcel Proust

IN DANKBARKEIT GEWIDMET

meinem lieben Mann Otto Reutter,
meiner tüchtigen Tochter Tanja,
meinen Geschwistern: Gerhard, Anneliese und Robert
mit Familien,
Frau Dr. med. Almut Klügel und allen Freundinnen.

In memoriam meinen lieben Eltern,
Großeltern, väterlicher- und mütterlicherseits,
sowie meiner Poetenfreundin Elisabeth.

Außerdem den beiden schwerstbehinderten
Jungen „**PJOTR**" und „**MIREK**".

DANKESCHÖN
für die gute Mitarbeit
und Bereitstellung alter Fotografien:

Frau Dr. med. Almut Klügel, meinem hilfsbereiten Mann Otto Reutter, für die dreiundzwanzigjährige Unterstützung meiner schriftstellerischen Tätigkeit.
Meiner liebenswerten, fleißigen Tochter Tanja Reutter, unserem gemeinsamen Freund Dieter.
Weiterhin meinen Geschwistern: Gerhard, Anneliese und Robert.

Ebenso meinen lieben Cousinen Christa Schwöbel und Ute Schwarzer, sowie meinem Cousin: Hans-Hermann Grimm.

Außerdem meiner Großcousine Agnes Pfisterer.

Für die Spenden an die schwerstbehinderten Jungen
„PJOTR" und **„MIREK"** durch die bereits veröffentlichten Bücher möchte ich meinen herzlichsten Dank aussprechen.

INHALT

Kap.		Seite
	Prolog..	11
1	Die kleine Schwester..	19
2	Die entbehrungsreiche Zeit...	21
3	Bei Großmutter auf dem Dilsbergerhof........................	28
4	Schritte ins Leben...	31
5	Lehrer Zwilling (1951 - 1952)......................................	38
6	Margarethe..	44
7	Fritz Walter - Weltmeisterschaft 1954 in Bern -........	50
8	Mein Opa Wilhelm Breunung.......................................	55
9	Urlaub in Südtirol im Jahre 1960.................................	62
10	Beginn eines neuen Lebens...	69
11	Hochzeit in der Heidelberger Schlosskapelle...............	74
12	Rosemarie Eick...	79
13	Ein Tag in Frankfurt...	82
14	Unser Wunschkind..	86
15	Mein vierzigster Geburtstag...	96
16	Vertrauensärztliche Untersuchung im Staatlichen Gesundheitsamt..	99
17	Tanjas erster Schultag..	103
18	Abschied für immer..	107
19	Tanjas Erstkommunion - Feier im Ristorante "Italia" bei Signore G. Corbari -...	113
20	Erstes Ehrenamt..	122
21	Englisch - Kurse (1983 - 1985) in der Heidelberger Volkshochschule...	125
22	Mit fünfundvierzig Jahren mobil..................................	128
23	Meine erste Femurfraktur...	132
24	Vaters siebzigster Geburtstag – Lebensrückblick........	136
25	Öffentliche Dichterlesungen...	139
26	Abschied von meinem lieben Vater und Lebensrückblick...........	141
27	Elisabeth...	143
28	Erstlingswerk "Hallo Gipsbein"....................................	148
29	Silberhochzeit...	151
30	Literaturgruppe "Vita Poetica" - zweites Ehrenamt -..	155
31	Mein erster Gedichtband "Vielfältiges Leben"............	158
32	Geburtstagsfeier im Ristorante "Italia"........................	161
33	Albert Schweitzer- Freundeskreis Heidelberg - drittes Ehrenamt -..	164
34	Weihnachtslesungen bei der AWO (1989-1997).........	169
35	Erbauende Brieffreundschaft..	173

36	Regina．．．	176
37	In Freundschaft - Inge Schütt - ．．．．．．．．．．．．．．．．．．．．．．．．．．．．．．．．．．．．．．．	180
38	Lichtblick Else 1954 – 1957．．．	183
39	Physiotherapeutin und Freundin Irm Boehner．．．．．．．．．．．．．．．．．．．．．	187
40	Verleihung der Staufermedaille 5. Oktober 1994．．．．．．．．．．．．．．．．．	190
41	Ein Mann der guten Taten Richard Kosowski．．．．．．．．．．．．．．．．．．．．．．	195
42	Zehnter Jahrestag der Literaturgruppe "Vita Poetica" 26. November 1996．．．	198
43	Arztsekretärin mit Leib und Seele Januar 1971- Oktober 2001...	203
44	Zweite Femurfraktur．．．	208
45	Auszug aus dem Brief von Professor Dr. Hans-Georg Gadamer	211
46	Erste Fahrt im Rollstuhl 16.08.2000．．．．．．．．．．．．．．．．．．．．．．．．．．．．．．．．．．	214
47	Einladung ins neue Scbloss, Stuttgart 26. April 2002．．．．．．．．．．．．．	217
48	Das Wunder in der Schillerschule．．．．．．．．．．．．．．．．．．．．．．．．．．．．．．．．．．．．．．	228
49	Helene, die Leimener Bürgerin, und wir, die Leimener Neubürger．．	233
50	Sally Grünfuss und Knuddelbär Knut．．．．．．．．．．．．．．．．．．．．．．．．．．．．．．．．．	237
51	Fünfundsechzig Jahre jung 29. August 2003．．．．．．．．．．．．．．．．．．．．．．．	240
52	Lesung in der Landhausscbule Heidelberg．．．．．．．．．．．．．．．．．．．．．．．．．	243
53	Drei vierfüßige Zuhörerinnen．．．	247
54	Paddys weite Reise．．．	250
55	Poeten-Anthologie - Zwanzig Jahre Literaturgruppe "Vita Poetica" - ．．	254
56	Zwanzig Jahre Literaturgruppe "Vita Poetica" 28. November 2006; Nachtrag．．．	257
57	Meine erste Begegnung in der Regionalgruppe 60 Heidelberg Bundesverband Poliomyelitis e.V. ．．．．．．．．．．．．．．．．．．．．．．．．．．．．．．．．．．．．	264
58	Ausklang．．．	266

Weitere Bilder aus den Jahren 1979-2007
    Rita Reutter im Kreise ihrer Familie und Freunde．．．．．．．．．．．．ー 273
    Rita Reutter als Schriftstellerin．．．．．．．．．．．．．．．．．．．．．．．．．．．．．．．．．．． 297
Preise und Dankschreiben．． 304
Wichtige Lesungen, Ausstellung．．．．．．．．．．．．．．．．．．．．．．．．．．．．．．．．．．．．．．． 305
Eigene Veröffentlichungen．． 307
Zweimalige Herausgeberin．．． 308
Bücher der Autorin．．． 310

Prolog

In der romantischen, vielbesungenen Stadt, mit der imposanten Schlossruine auf dem Jettenbühl, wurde ich am 29. August 1938 in der Heidelberger Frauenklinik geboren.

Als drittes Kind fühlte ich mich im Schoße meiner Familie geborgen.

Lange konnte ich mich an meiner Gesundheit nicht erfreuen, denn ein Jahr später, 1939, ereilte mich und meine Eltern ein herber Schicksalsschlag, die von den Ärzten im Krankenhaus diagnostizierte Kinderlähmung.

Von diesem Zeitpunkt an war das rechte Bein kaum belastbar.

Tage zuvor waren die Eltern glücklich gewesen, als ihr Einjähriges, ohne die Hilfe einer schützenden Hand, das Laufen erlernt hatte.

Nun begann ein neuer Lebensabschnitt für die ganze Familie. Häufige Klinikaufenthalte wurden für mich zur Qual.

Im Jahre 1945 erfolgte in der Orthopädischen Universitäts-Klinik eine Spitzfußoperation rechts, um das Laufen von der Fußspitze auf den von der Poliomyelitis geschädigten Fersen zu verlagern.

Der damals große, mit dreißig Betten ausgestattete Schlafsaal in der Orthopädischen Universitäts-Klinik Heidelberg, ist selbst nach über sechzig Jahren gedanklich für mich noch ein Albtraum.

Die Angst vor den mürrischen Krankenschwestern, der dunkle Saal, die Schreie der frischoperierten Kinder, gaben Zeugnis von durchgemachten Qualen.

Doch das Leben musste weitergehen.

Nach diesem chirurgischen Eingriff trug ich eine Schiene am rechten Bein, um die Sturzgefahr zu verringern. Ich hatte große Angst vor fremden Menschen und war als Schulmädchen heilfroh, in meinem jüngeren Bruder Robert einen Beschützer gefunden zu haben.

Oft verprügelte er die unsensiblen Kinder, weil sie mir unschöne Worte wie "Hinkebein", "Knappfuß" und "lahme Ente" nachriefen.

Es gab Momente in meinem jungen Leben, wo ich ernsthaft darüber nachdachte, wie ich es ohne große Qualen zu erdulden, beenden könnte.

In dieser für mich so traurigen Zeit, bekamen wir in der siebten Klasse einen neuen Lehrer. Rudolf Zwilling, eine Seele von einem Menschen, der selbst Schweres erlebt hatte, er machte mir Mut. Er spornte mich an, zeigte mir meine Stärken und ließ mich fast vergessen, dass ich mein rechtes geschientes Bein nachzog.

Durch täglich harte Arbeit für die Schule wurde ich im Abschlusszeugnis mit fünf Einsen und in den restlichen Fächern mit der Note Zwei belohnt.

Mein innigster Wunsch, Säuglingsschwester zu werden, scheiterte an meiner gesundheitlichen Situation.

Nach zweijähriger Berufsschule mit hauswirtschaftlicher Erfahrung, bekam ich als sechzehnjähriges Mädchen, eine Lehrstelle in einer Fabrik für Präzisionsapparate.

Dort durchlief ich sämtliche Abteilungen aller kaufmännischen Bereiche und wurde 1957 als kaufmännische Angestellte mit gutem Zeugnis und dem begehrten Kaufmannsgehilfenbrief entlassen, da die Firma keine neuen Angestellten benötigte.

Meine nächste Station war ein Steuerberatungsbüro in der Heidelberger Friedrich-Ebert-Anlage. Unter Aufsicht einer strengen Bürovorsteherin arbeiteten außer mir noch zwei weitere junge Mädchen, um die Geschäftsunterlagen der Kunden aus dem Hotel- und Gaststättengewerbe in buchungstechnische Form zu bringen.

Weitere Jahre vergingen.

Für alle Opfer, die ich wegen meines Handicaps in frühester Kindheit und Jugend bringen musste, wurde ich im Jahre 1960 reich belohnt.

Ich verliebte mich in einen jungen, schwarzgelockten Mann, mit dem ich über die Probleme der Welt und über meine eigenen sprechen konnte.

In der Anfangszeit sahen wir uns nach der täglichen Arbeit mittwochs, dann samstags und sonntags, nach einigen Wochen täglich.

Meine Eltern sahen diese Verbindung mit skeptischen Blicken, da sie mich, die Seele des Hauses mit großem Ordnungssinn, noch nicht gehen lassen wollten.

An Silvester 1960 verlobten wir uns. Es war eine bescheidene Familienfeier, da meine liebe Mutter an einem grippalen Infekt litt und Bettruhe verordnet war.

Dieser wichtige Schritt in meinem Leben machte mich sehr glücklich, obwohl wir von allen Seiten bedrängt wurden, die Hochzeitspläne zurückzustellen.

Da die täglichen Auseinandersetzungen im Familienkreise zunahmen und das Familienleben sehr darunter litt, entschloss ich mich am 06. Juni 1961, mit Hilfe meines Chefs, der auf dem Schlosswolfsbrunnenweg mehrere Vertretungen innehatte, von zu Hause auszuziehen.

Er schickte mir seinen Fahrer, der mir beim Umzug behilflich sein sollte.

Der Mittvierziger lenkte den roten Mercedes seines Chefs durch die enge Altstadtstrasse und blickte an dem genannten Haus erstaunt auf die Gegenstände, die vor der Haustür standen. Kartons mit vielen Büchern, Wäsche und Geschirr, Kleider und viele Dinge, die sich in zweiundzwanzig Jahren angehäuft hatten.

Mit Bücherkartons beladen ging ich die polierten hölzernen Treppenstufen hinunter. Von einem durch Poliomyelitis geschädigten Bein war keine Rede mehr. Obwohl der rechte Fuß durch diese ungewohnte körperliche Belastung schmerzte, verdrängte ich alles, was mich vom Auszug hätte abhalten können.

Frei wollte ich sein, frei über mein zukünftiges Leben entscheiden können, ohne familiäre Einmischungen.

Im roten, mit weißen Rosen geschmückten Mercedes fuhr uns mein damaliger Chef Dr. W. K. Sch.-Br. am 14. Juli 1961 durch das Schlosstor bis vor den Friedrichsbau, in dem sich die Schlosskapelle befindet.

Am barocken Hochaltar vollzog ein Jesuitenpater die katholische Trauung. Er sprach von Liebe, Achtung und Ehre, bis dass der Tod uns scheidet.

Bei unserem gemeinsam ausgewählten Lied "So nimm denn meine Hände und führe mich... " musste ich mit aller Kraft die Tränen zurückhalten.

Es war ein Einschnitt ins bisherige Leben, ganz plötzlich einen neuen Namen zu tragen, ein Leben mit dem Ehemann zu teilen, ihn zu achten, zu ehren, bis an das Lebensende. Mit fast dreiundzwanzig Jahren begann mein Leben und ich konnte mir schlechtere Zeiten als diejenigen, die bereits vergangen waren, nicht vorstellen.

Vor der Tür der Schlosskapelle riefen Touristinnen: "Eine Braut, eine Braut", über diese Beachtung freute ich mich sehr, obwohl ich Opfer der neuen orthopädischen Schuhe geworden war und jeder, noch so kleine Schritt, mir am rechten, gelähmten Bein große Schmerzen bereitete.

Lächelnd nahmen wir die Glückwünsche meines Bruders Gerhard, meiner liebenswerten Schwägerin Sieglinde, meiner Freundin Margarethe, von den Geschäftskolleginnen und Nachbarn entgegen.

Im kleinen Rahmen fand die Feier im Restaurant "Zur Burgfreiheit", vor den Toren des Heidelberger Schlosses statt.

Im Kreise der Trauzeugen und meiner treuen Freundin Margarethe feierten wir ein schönes Fest bei einem schmackhaften Menü, gepflegten Weinen und guten Gesprächen, wenn auch der Wettergott an diesem Tag die Sonne hinter den Wolken verborgen hielt.

Die neue Freiheit, unser Leben nach unserer Hochzeit selbst in die Hand zu nehmen, genossen wir ausgiebig.

Und wieder gingen die Jahre, eingebettet in den täglichen Arbeitsrhythmus und die Schmerzüberwindung bei Überbeanspruchung am rechten, durch Polio geschädigten Bein, geradezu schnell dahin.

Im Jahre 1967 ließ ich mich in eine Liste als Babysitter eintragen.

Kurze Zeit später bekam ich die Chance, auf ein vier Monate altes Baby in Heidelberg-Rohrbach aufzupassen. Erfreut nahm ich diese für mich neue Aufgabe an.

Fünf Jahre später erfüllte sich unser jahrelanger Traum.

Am 08. November 1972 kam unser Wunschkind zur Welt. Unser Baby hatte, wie seine liebe Omi und sein Onkel Gerhard, blaue Augen.

Tanja wuchs zu einem liebenswerten Menschenkind heran. Sie besuchte die Schule und ging zusammen mit vielen Mädchen und Jungen am 26. April 1981 in der St. Johannes-Kirche zur ersten "Heiligen Kommunion". Die Zeit eilte weiter!

Am 20. Dezember 1983, im Alter von fünfundvierzig Jahren zeigte ich meinem lieben Mann stolz den mit großer Mühe erlangten Führerschein.

Bald darauf zog ich mir bei einem Sturz in der Wohnung am 07.02.1984 meinen ersten Oberschenkelbruch rechts zu.

Dann kamen auch wieder Lichtblicke in mein Leben.

Im Mai 1985 besuchte ich öffentliche Dichterlesungen.

Einen weiteren Abschied für immer erlebten wir beim Tode unseres Vaters Franz Mayer, der am 08.07.1985 verstarb und damit seiner geliebten Frau Sophie Maria mit einem Abstand von mehr als fünf Jahren nachgefolgt war (02.01.1980).

Nun waren wir Geschwister selbst auf uns angewiesen.

Meine Freude war groß, als ich am 15. November 1985 mein Erstlingswerk "Hallo Gipsbein", herausbrachte.

Mutig war ich aus der Schublade gekrochen, um meine Texte den nörgelnden Kritikern zu präsentieren.

Unsere Silberhochzeit feierten wir am 19.07.1986 in einem renommierten Lokal in Heidelberg-Rohrbach nach, da wir ja am 14.07.1961 geheiratet hatten.

Zur Freude vieler angehender Dichterinnen und Dichter gründeten Elisabeth Bernhard-Hornburg und ich am 24. November 1986 die Literaturgruppe "Vita Poetica" in der Akademie für Ältere, Heidelberg.

Zwanzig Jahre hielt ich durch, davon sechzehn Jahre als Leiterin, bis ich am 28. November 2006 aus gesundheitlichen Gründen dieses Ehrenamt aufgeben musste.

Im Verlag freier Autoren in Fulda erschien im April 1987 mein erster Gedicht- und Aphorismenband "Vielfältiges Leben".

Signore Giovanni Corbaris Freude war groß, als ich die Feier meines fünfzigsten Geburtstages (29. August 1988) für den 03.09.1988 in seinem Ristorante "Italia", einige Monate zuvor vormerken ließ. An diesem Tag wollte ich mit meinen Geschwistern, ihren Ehepartnern, sowie unseren Freunden ein Fest feiern.

Nach dieser schön gestalteten Geburtstagsfeier folgten noch viele Lebensjahre, in Freude und Leid.

Die Verleihung der Staufermedaille in der Villa Reitzenstein, Stuttgart, am 05. Oktober 1994 war für mich ein "Highlight".

Auf meinen Wegen, die ich gegangen bin, habe ich viele hilfsbereite Menschen kennen gelernt. Mein Dank gehört meinen verstorbenen Eltern, meinem verständnisvollen Mann Otto Reutter, meiner tüchtigen Tochter Tanja, meinen Geschwistern mit Ehepartnern, allen meinen Freundinnen und Freunden, sowie denen, die es gut mit mir meinten.

Lesen Sie die einzelnen Kapitel dieses Buches, dort finden Sie Details und Steine, um das angefangene Haus fertig zu bauen.

Leimen, 25. Februar 2008

v.l.: Meine Mutter Sophie Maria, ihre Mutter, Onkel Karl, Onkel Willi und Tante Elise, 1916

v.l.: Meine Mutter, Robert und Rita
v.l. sitzend: Anneliese und Gerhard, 1943

1.

DIE KLEINE SCHWESTER

Staunend blickten die Geschwister Gerhard und Anneliese in den mit Röschenstoff ausgeschlagenen Korbwagen, in dem das vor Hunger schreiende Baby lag.

Am 29. August 1938 hatte der Storch die kleine Rita gebracht.

Die beiden Kinder hatten auf Anraten ihrer Mama Zucker auf das Fensterbrett in der Wohnküche gelegt.

Geduldig warteten sie nun viele Tage und Wochen, um ihr „nagelneues Schwesterchen" begrüßen zu dürfen.

Es fiel den Kleinen nicht auf, dass ihre Mama sehr blass im Gesicht war und einen erschöpften Eindruck machte.

Stolz betrachtete der zwei ein halb jährige Gerhard, der Älteste der Geschwister, seine zweite Schwester, die, wenn sie nicht gerade vor Hunger schrie, friedlich mit ihren Fingerchen spielte und ihm zulächelte.

Anneliese, mit ihren sechzehn Monaten selbst noch ein Baby, verlor bald das Interesse an der neuen Schwester, da sie ihre liebe Mama selbst noch stark für ihr körperliches Wohl beanspruchte.

Sophie Maria, die treusorgende Mutter der Kinder hatte alle Hände voll zu tun, um die Kleinen zu versorgen, einzukaufen und den Haushalt zu bewältigen.

Damals gab es für die gestressten Hausfrauen und Mütter keine Waschmaschinen, keine Kühlschränke, keine Staubsauger, keine Fernsehapparate, keine Computer und keine Handys.

Dafür gab es Arbeit in Hülle und Fülle.

Täglich mussten die vielen Windeln des Babys und der ebenfalls erst sechzehn Monate alten Schwester Anneliese gewaschen werden, denn Einwegwindeln gab es damals noch nicht.

Mit einem Lied auf den Lippen sorgte Sophie Maria täglich für ihre Lieben.

Sie heizte den Ofen in der Wohnküche, so dass die wohlige, sich rasch verbreitende Wärme Geborgenheit verbreitete, versorgte die drei Kinder, den Haushalt und hatte noch Zeit, nachdem die Kleinen in ihren Betten lagen und träumten, Pullover, Schals, Mützen und Handschuhe für die kältere Jahreszeit zu stricken.

Für diese großartige Leistung bin ich meiner geliebten Mutter, die bereits am zweiten Januar 1980 verstorben ist, heute noch sehr dankbar.

***

2.

DIE ENTBEHRUNGSREICHE ZEIT

Unter den pflegenden Händen ihrer lieben Mutter gediehen die Geschwister Gerhard, Anneliese und die kleine Rita, die im Alter von zwölf Monaten bereits ohne Hilfe der Erwachsenen, laufen konnte.

Bis zu jenem verhängnisvollen Tag, an dem die Einjährige vor Schmerzen schrie und auf den rechten Fuß nicht mehr auftreten konnte.

Mutter Sophie setzte ihr krankes Kind in den Kindersportwagen, brachte die beiden älteren bei einer Nachbarin unter und fuhr mit sorgenvollem Herzen zum Hausarzt.

Dieser schrieb eine Überweisung an die Orthopädische Universitäts-Klinik, Heidelberg, da er eine Zweitdiagnose für sehr wichtig hielt.

Nach quälenden Untersuchungen durch Ärzte und Apparaturen konnte eine Kinderlähmung an der rechten Extremität festgestellt werden. Die kleine Patientin musste zur Beobachtung einige Zeit stationär Nachuntersuchungen über sich ergehen lassen.

Vor diesem Schicksalsschlag war der „Zweite Weltkrieg" ausgebrochen und Sophie Maria hatte ihren geliebten Mann auf dem Heidelberger Hauptbahnhof in eine ungewisse Zukunft verabschiedet. Da er bereits drei Kinder zu versorgen hatte, war der junge Familienvater beruflich sehr ehrgeizig gewesen. Mit vierundzwanzig Jahren legte er vor der Industrie und Handelskammer – Bäckerinnung – die Meisterprüfung mit sehr guten Noten ab.

Sein Arbeitgeber, Chef der Bäckerei Edinger in der Bergheimer Strasse, war sehr stolz auf seinen fleißigen, jungen Bäckermeister.

Doch dann musste Franz Mayer zwangsweise mit seinen gleichaltrigen Kameraden an die Front, da Adolf Hitler jeden gesunden Mann für seine weitreichenden Pläne benötigte.

Mit tränennassen Augen blieb Sophie Maria auf dem Bahnsteig zurück, während der überfüllte Zug seinem Bestimmungsort entgegenfuhr.

Nachts, wenn die Kinder schliefen und sich der blasse Mond durch die dunklen Wolken am Nachthimmel drängte, schickte die einsame Frau viele Grüße auf die Reise und hoffte im Innern ihres liebevollen Herzens, dass ihr Ehemann dieselben, viele Kilometer von der Heimat entfernt, empfangen könnte.

*

Wie jubelten die Geschwister Gerhard und Anneliese, als ihr Vater drei Wochen Heimaturlaub bekam. Gerhard, der inzwischen wieder ein Stück gewachsen war, wollte unbedingt Vaters schweren Rucksack tragen. Doch der braungebrannte, durchtrainierte Soldat ließ dies nicht zu.

Sorge bereitete ihm seine jüngste Tochter Rita, die sehr blass war und ihn mit ihren braunen Augen unentwegt ansah. Das einstmals fröhliche Kind war durch die heimtückische Krankheit, die es im Alter von einem Jahr erleiden musste, sehr ernst geworden.

Vaters Geschenk, eine kleine Stoffpuppe, drückte Rita zärtlich an ihre Wangen.

Für einen kurzen Augenblick lächelte das kleine Mädchen und war glücklich.

*

Im Nu waren drei Wochen im Kreise seiner Lieben vergangen und der Soldaten-Alltag war in greifbare Nähe gerückt.

Einen Tag vor der Abreise hatte Vater Franz, zusammen mit seinen drei Kindern, Gerhard, Anneliese und Rita, Kuchen gebacken.

Das war eine Freude für die kleinen Bäckerinnen und den größeren Bruder.

In kurzer Zeit war aus der Wohnküche eine Backstube geworden und die Hände der Kinder mit Teig bedeckt. Drei Schleckermäulchen wollten die Schüssel mit dem Schokoladenguss in Besitz nehmen.

Mutter Sophie teilte die Portionen gerecht unter den Geschwistern auf und es kehrte wieder Ruhe ein.

Bei einem anschließenden Spaziergang der älteren Kinder mit ihrem Vater, hatte die ernstblickende, jüngste Tochter Rita, ihre Mutter für kurze Zeit ganz für sich alleine.

*

Am dritten Februar 1940 wurde der jüngste Sohn von Sophie Maria und Franz Mayer in der Heidelberger Frauenklinik geboren.

Nun hatte die tüchtige Mutter für vier Kinder die Verantwortung zu tragen, da ihr Ehemann Franz zum Dienst für das Vaterland und den Führer Adolf Hitler verpflichtet worden war.

Er schrieb Briefe an seine geliebte Frau von den Orten, an denen er als Bäckermeister viele russische Soldaten unterrichten musste.

Die einfachen Menschen tauschten Nägel und sonstige lebenswichtige Materialien für Brot ein, denn auch sie hungerten in den Kriegsjahren 1939/1940 sehr.

Um in einem unbekannten Land mit fremder Sprache überleben zu können, war es von großer Wichtigkeit, mit der Bevölkerung gut auszukommen und den armen Menschen zu helfen.

Dazu gehörte auch das „tägliche Brot" für jeden, nicht nur für die Wohlhabenden.

Inzwischen vergingen vier entbehrungsreiche Jahre.

Mit Hilfe der Großmutter, Lina Mayer (1884-1952) war es Mutter Sophie möglich, vier Kinder in Kriegszeiten zu versorgen.

Es war ein Feiertag für die Rasselbande, wenn es an der Wohnungstür klingelte und die über alle Maßen geliebte Großmutter, die neun Kindern (Gertrud, Heiner, Edmund, Franz, Amalie, Mathilde, Engelbert, Hermann und Robert) das Leben geschenkt hatte, lachend vor der Tür stand und Einlass begehrte.

Gerhard, der älteste Enkel war Großmutters Liebling. Stolz nahm sie den gutaussehenden, freundlichen Jungen an viele Plätze, an denen sie sich aufhielt, mit.

Die lebhaften Enkelkinder waren sich einig, wenn Großmutter Lina erzählte, durfte niemand stören. Sie begeisterte mit ihren, aus dem Leben gegriffenen Geschichten die jungen und auch die älteren Generationen.

*

An einem sonnigen Frühlingsnachmittag des Jahres 1943, hatte Sophie Maria Mayer Besuch von ihrem Schwager, Leutnant Hermann Mayer, Großmutters zweitjüngstem Sohn.

Das war eine Freude für die Kinder: Gerhard, Anneliese und Rita.

Der dreijährige Robert suchte, wie üblich, nach etwas Essbarem, denn der lebhafte Knirps hatte immer Appetit.

Onkel Hermann sah in seiner Soldatenuniform gut aus.

Nach anfänglicher Scheu kamen die Kinder mit dem jungen Soldaten ins Gespräch.

Gerhard, der Älteste der Vier, durfte sogar die Mütze mit dem Adler aufsetzen.

Nun kam auch der kleine Robert in Onkel Hermanns Nähe. Spontan nahm der Soldat den Kleinen auf den Arm und setzte ihm die viel zu große Mütze auf.

Alle lachten fröhlich über diese Geste. Doch Großmutter Linas Enkel wollte die Mütze nicht mehr absetzen.

Bei Kathreiner-Malzkaffee, „Muckefuck" genannt, und selbst gebackenem Apfelkuchen vergingen die Nachmittagsstunden wie im Fluge.

Bald musste der 1,84 Meter große Leutnant, Hermann Mayer, Abschied nehmen.

Ein junger, sensibler Mensch, der als Einziger von seinen acht Geschwistern, studieren durfte, verabschiedete sich von seiner Schwägerin Sophie Maria und ihren vier Kindern sehr herzlich.

Es war ein Abschied für immer, da Leutnant Hermann Mayer am 15. Januar 1944 im Osten gefallen war.

*

Addendum:

Durch die Abschrift eines Briefes von Hauptmann Otto Frank, vom 29.01.1944, den mir meine Cousine Marlies freundlicherweise zuschickte, erfuhr ich die wahren Hintergründe, die zum Tode meines verehrten Onkels geführt haben.

Am 15. Januar 1944, gegen elf Uhr wurde der Bunker, in dem sich der Offizier Hermann Mayer mit zwei Kameraden befand, von Panzern umstellt. In Todesangst versuchte der junge Soldat durch den zertrümmerten Bunkereingang ins Freie zu gelangen, wobei er von einem Geschoss tödlich getroffen zu Boden sank.

Hauptmann Otto Frank hatte einen pflichtbewussten, hochbegabten Offizier, seine Kameraden einen Freund und Großmutter Lina Mayer ihren geliebten Sohn verloren.

Dieser Sohn, der einzige aus der Großfamilie, dem meine Großmutter Jahre lang unter vielen Opfern ein Studium der Chemie in Marburg ermöglicht hatte, war in einem fremden, ihr unbekannten Land für das „Vaterland" gefallen.

Fast drei Monate vor seinem vierundzwanzigsten Geburtstag starb Leutnant Hermann Mayer, ein liebenswerter Mensch, ein echter Kamerad, ein geliebter Sohn, Bruder, Schwager und Onkel, der in unseren Herzen weiterleben wird.

***

v.l.: Anneliese, Mutter Sophie Maria, Rita, Vater Franz, Robert und Gerhard, 1943

Leutnant Hermann Mayer,
geb. 15.04.1920, gefallen 15.01.1944

Nach Gottes heiligem Willen fiel am 15. Januar 1944 im Osten mein guter Sohn, unser lieber Bruder, Schwager, Onkel und Pate

Leutnant Hermann Mayer

ausgezeichnet mit dem E. K. I. und II. Kl. und anderen Auszeichnungen

im Alter von 23 Jahren, kurz vor seinem Heimaturlaub.

Wer ihn gekannt, kann unseren Schmerz ermessen. Ruhe sanft in ew'gem Frieden.

In tiefer Trauer:
Lina Mayer und Kinder

Dilsberger Hof, den 3. Februar 1944

Die Trauerfeier findet am 10. Februar 1944, vormittags 9.30 Uhr in Dilsberg statt.

3.

BEI GROSSMUTTER AUF DEM DILSBERGERHOF

Da wegen der großen Unsicherheit im Land und wegen der Auswirkungen des „Zweiten Weltkrieges" die Schulstunden in der Pestalozzischule in den Jahren 1943/1944 öfter ausfielen, lud Großmutter Lina ihre Schwiegertochter Sophie Maria und ihre vier Enkelkinder auf ihren Bauernhof ein.

Für die Stadtkinder ein vollkommen neues Leben!

Es gab viel zu tun. Die Tiere, Hühner, Gänse, Kühe, Schweine und das ältere Pferd mussten gefüttert werden.

Julius, der für die Tiere sorgte, säuberte auch die Ställe und fuhr den anfallenden Mist in einem Schubkarren auf den Misthaufen.

Flügelschlagend entfernte sich der Hahn von der Spitze des Misthaufens ohne dabei seinen Hühnerstaat aus den Augen zu verlieren.

Viel Freude bereitete den Kindern der zottelige Hund, der auf den Namen „Schecki" hörte.

Sein beige-braunes Fell war so dicht, dass man nur mit großer Mühe seine treuen braunen Augen sehen konnte.

Alle vier Enkelkinder wollten auf einmal den freiheitsliebenden Vierbeiner ausführen.

Wie immer bei solchen Angelegenheiten gab es Tränen, bis Gerhard, der älteste Junge einen Plan ausarbeitete. Zuerst durften seine beiden Schwestern Anneliese und Rita „Schecki" um das Wohnhaus führen. Für den kleinen Hund war es kein Vergnügen, plötzlich mit einer Kordel um den Hals und kleinen Schritten neben den vier Stadtkindern Gerhard, Anneliese, Rita und Robert herzulaufen.

Für seine Geduld wurde „Schecki" reich belohnt, denn er bekam von allen seinen neuen Freunden, so oft es ging, einen Fleischknochen und so manchen leckeren Wurstzipfel.

Auf einem Bauernhof fiel immer etwas Essbares für die treuen Mitgeschöpfe ab.

Sehr begehrt waren Großmutter Linas Gärten: Es gab einen Obst- und Gemüsegarten, einen Garten mit herrlich duftenden Blumen und Felder, auf denen Obstbäume standen.

Wie gut schmeckten die Tomaten, die Bohnen, Zwiebeln, Karotten, Gurken, das Weiß- und Rotkraut mit Kartoffelbrei, der Kopf- und Feldsalat mit Bratkartoffeln.

Die Erdbeerbeete, Johannis- und Stachelbeeren, die goldgelben Mirabellen, zarten Pfirsiche schmecken heute, nach über sechzig Jahren in der Erinnerung noch so gut, wie in den Kriegsjahren. Ebenso die süßen Herzkirschen. Nach Genuss derselben wurde das Mittagsmahl auf den Abend verlegt.

In Holzbottichen wurde das Regenwasser gesammelt, welches bei Hitzeperioden den Pflanzen im Gemüsegarten und den Bäumen zugute kam.

Am Backtag war Hochbetrieb im behaglich eingerichteten Bauernhaus mit den üppigen Geranien-Kästen vor den Fenstern.

Großmutter Lina heizte den Backofen an, verarbeitete Berge von Mehl zu einem Teig, ließ den Teig in dafür vorgesehenen Gefäßen aufgehen und breitete saubere Geschirrtücher darüber.

Auch die Schwiegertochter Sophie Maria und die vier Enkelkinder durften Handreichungen für die Kunst des Brotbackens verrichten.

Acht große Laibe Brot, herrlich duftend, waren das Ergebnis und stolz zeigte Großmutter Lina ihren Lieben ihr Tagewerk.

Damals wurde auch die Butter im Butterfass bei ständigem Umrühren selbst gemacht.

Gerhard rührte unter Großmutters Anleitung am längsten. Die Butter wurde fester und fester, nachdem die Milch abgeflossen war und das Rühren anstrengender wurde.

Die jüngeren Enkel hatten weniger Kraft, diese Arbeit durchzuhalten.

Doch die Mühe der fleißigen Helfer hatte sich gelohnt.

Bevor Großmutter Lina das frische Brot anschnitt, machte sie zum Dank für diese Speise ein Kreuzzeichen auf die Rückseite des knusperigen Brotes. Dazu gab es die selbstgemachte Butter, und allen Familien-Mitgliedern schmeckte es köstlich.

***

Vierte von links: Großmutter Lina Mayer;
mit Verwandten und Bekannten

4.

SCHRITTE INS LEBEN

In der Zeit des „Zweiten Weltkrieges" war es für die ABC-Schützen 1944, kein Vergnügen, nach Ostern eingeschult zu werden.

Die Angst vor den Fliegern, die lautstark über unseren Köpfen am Himmel flogen und eventuell Bomben abwerfen könnten, war in der Bevölkerung sehr groß.

Mit einem neuen Kleid, weißen Kniestrümpfen und schwarzen Halbschuhen ging ich als fast Sechsjährige an der Hand meiner lieben Mutter dem Ernst des Lebens entgegen.

Die erhoffte Schultüte mit Süßigkeiten wie Bonbons und Schokolade bekam ich nicht.

Das tägliche Brot war in diesem Zeitabschnitt wichtiger, doch viel lieber hätte auch ich an meinem ersten Schultag eine Tüte mit süßem Inhalt gehabt.

In meinem dunkelbraunen Bücherranzen, den ich von meiner Schwester Anneliese bekam, befand sich eine Schiefertafel, ein Griffelkasten mit zwei graufarbenen Griffeln, ein Schwamm und ein Tuch, um die Tafel wieder trocken zu reiben.

Aufmerksam beobachtete ich die kleinen Mädchen, die an der Hand ihrer Mütter im Klassenzimmer der Pestalozzi-Schule geduldig warteten, bis sie von der Lehrerin ihren Platz zugewiesen bekamen.

Endlich saßen wir in den robust gezimmerten Holzbänken, die zwei Schülerinnen Platz boten.

Die weißen Wollkniestrümpfe, die meine liebe Mutter für diesen besonderen Tag extra für mich gestrickt hatte, kratzten fürchterlich an den Beinen.

Doch zu dieser Zeit mussten sich die Mütter mit Wollresten begnügen, um ihre Kinder einzukleiden.

Einziger Lichtblick an diesem wichtigen Tag war für mich das neue blaue Kleid mit dem weißen Spitzenkragen, eine Handarbeit meiner geliebten Mama.

Darin fühlte ich mich sehr wohl, und hatte beim Gesang eines Liedes bald die fehlende Schultüte mit den begehrten Süßigkeiten vergessen.

*

Trotz der vielen negativen Einflüsse in den Jahren des „Zweiten Weltkrieges" gelang es meiner tüchtigen Mutter, uns Kindern am Geburtstag, an Ostern und Weihnachten viel Freude zu bereiten.

Eine fünfköpfige Familie in dieser schweren Zeit am Leben zu erhalten war eine Meisterleistung.

Damals gab es bei uns keine Waschmaschine, keinen Kühlschrank und keinen Fernsehapparat.

Wäsche waschen beanspruchte einen ganzen Tag. Die Buntwäsche wurde einen Tag zuvor in einer Zinkbadewanne eingeweicht, um sie am Waschtag mit Kernseife im Holzzuber auf dem Waschbrett zu säubern, anschließend mussten wir mit frischem Wasser kräftig spülen.

Die Kochwäsche, Bettwäsche, Damasttischdecken, Baumwoll-Unterwäsche, Stofftaschentücher (Papiertaschentücher gab es damals noch nicht), Geschirrtücher und vieles mehr, wurde auf der rotglühenden Herdplatte im großen Waschkessel zum Kochen gebracht.

Diese Arbeit war sehr Kräfte raubend.

Wenn genügend Kernseife, Soda und das unentbehrliche Waschbrett im Hause waren, stand dem Gelingen eines Waschtages nichts im Wege.

Bevor die Wäschestücke bei gutem Wetter im Freien auf einem Wäscheseil getrocknet wurden, erhielten besondere Wäschestücke ein Bad in Kartoffelstärke.

Beim Duft der frischgewaschenen Tischdecken, Bettwäsche, Unterwäsche und bunten Kleidungsstücke ließen sich die fleißigen Helferinnen am späten Abend ein einfaches Mahl schmecken.

*

Während am Gründonnerstag (29. März 1945) von deutschen Soldaten sämtliche Neckarbrücken in Heidelberg gesprengt wurden, um den Einmarsch der amerikanischen Siegermächte zu verhindern, hatten meine Mutter und ich ganz andere Sorgen.

In der Orthopädischen Universitäts-Klinik Heidelberg wurde bei einer Untersuchung meines rechten, durch Poliomyelitis geschädigten Beines, festgestellt, dass ich auf den Zehen lief. Diese Fehlstellung des Fußes wurde im Jahre 1945 operativ korrigiert.

Vor Verzweiflung weinte ich nachts in mein Kopfkissen, ich hatte große Angst vor den „Göttern in Weiß", Fachärzte genannt, vor den oft mürrischen Krankenschwestern, den Schreien der frischoperierten Kinder in einem Schlafsaal mit dreißig Betten und war sehr unglücklich.

An Besuchstagen sah ich meine drei Geschwister nur durch die Fensterscheiben, da keine Kinder die Krankenstation betreten durften.

In diesen grauenvollen Tagen tröstete mich meine liebe Mutter.

Ihre Umarmungen, ihre guten Worte und die kleinen Geschenke (1 Bogen aus Pappe mit einer aufgezeichneten Puppe, Kleidern, Strümpfen und Schuhen zum Ausschneiden) brachten Abwechslung in meinen vom Schicksal geprägten Alltag.

Nach den langen Wochen des Krankenhausaufenthaltes wurde ich nach der Gipsabnahme und einer anschließenden Physiotherapie endlich entlassen.

Das war ein Freudentag für mich! Auch die Kinder in den gegenüberstehenden Klinikbetten freuten sich mit mir.

Meine Mutter hatte einen Kindersportwagen mitgebracht, da meine Gehfähigkeit noch sehr zu wünschen ließ. Mit meinen sechseinhalb Jahren war das keine Freude, dass uns die Passanten auf der Straße nachschauten, bis wir ihren Blicken entschwunden waren.

Doch auch dieser Tag ging seinem Ende entgegen und meine Geschwister freuten sich sehr, dass sie mich wieder in ihre Arme schließen konnten.

An jedem Tag der neu gewonnenen Freiheit lernte ich das Laufen.

In der Wohnküche waren mir die Küchenstühle, der Küchentisch und der Küchenschrank sehr nützlich. Mit den Händen hielt ich mich an der Einrichtung fest, um das Gleichgewicht nicht zu verlieren. Auf spitze Kanten musste ich besonders achten, um die Verletzungsgefahr zu minimieren.

Die Erfüllung des Wunsches, so sicher und aufrecht gehen zu können, wie meine gesunden Geschwister, konnte ich selbst nach zähen, kontinuierlich durchgeführten Trainingsstunden, nie erreichen.

*

Im Jahre 1946 mussten wir Drittklässler in die Wilckensschule umziehen, da die Turnhalle der Pestalozzi-Schule meistens zweckentfremdet worden war.

In Kriegszeiten waren Kriegsgefangene darin untergebracht. Wir Schulkinder wussten Bescheid, durften aber nicht offen darüber sprechen.

Von der Heidelberger Weststadt in die Bergheimer-Gegend umzusiedeln, war für uns Schülerinnen nicht einfach, doch in wenigen Tagen passten wir uns der neuen, unbekannten Umgebung rasch an.

Im Hof der Wilckensschule gab es viele Ahornbäume, deren Blätter uns an heißen Tagen wohltuenden Schatten spendeten.

Eiskalt dagegen waren die Winter der Jahre 1946 und 1947. Der Neckar war zu dieser Zeit zugefroren und wir Kinder holten unseren Rodelschlitten vom Speicher, um über das knirschende Eis zu fahren.

Trotz der Kälte von mehr als 20 Grad minus, hatten meine Geschwister und ich, zusammen mit den Nachbarskindern und Freunden, großen Spaß und schöne, erlebnisreiche Stunden.

Obwohl ich als Schulmädchen sehr schüchtern war und mich bei Spielen, die der Gesundheit schaden konnten, nie beteiligte, wurde ich wegen meiner Begabung, interessante Aufsätze zu schreiben und dreißigstrophige Gedichte auswendig zu lernen, von meinen Mitschülerinnen geachtet.

Die Sommermonate, an denen die Gleichaltrigen leichtfüßig in luftigen Sandalen herumliefen, waren für mich eine Qual. Viel zu schwere orthopädische Schuhe an den Füßen, machten mir das Leben damals nicht leicht.

Da flüchtete ich mich in die Welt der Träume. Auf Wolke Sieben spürte ich keine Schmerzen,

tanzte ebenso leichtfüßig wie meine gesunden Klassenkameradinnen auf den weichen Wolken und Himmelshüter Petrus lächelte mich freundlich an.

*

Trotz der wenigen Lebensmittel waren die Weihnachtsfeste damals sehr schön, das Plätzchenbacken beliebt. Wir Kinder durften unserer lieben Mutter fleißig mithelfen.

Anstelle der üblichen Butterplätzchen kam Margarine (Sanella) in den Teig. Ausstecherle mit den Formen eines Tannenbaums, eines Sterns, einer Glocke und vielen schönen Motiven waren begehrt, da acht Kinderhände im Nu die eingefetteten Backbleche mit ausgestochenem Plätzchenteig füllten.

In der Wohnküche duftete es nach frisch gebackenen Zimtsternen, nach Anisplätzchen und Lebkuchen, die nach dem Backen an einen sicheren Ort gebracht wurden, um an Weihnachten die leeren Teller der Familienangehörigen zu füllen.

*

Als es am sechsten Dezember 1945 draußen vor den Fenstern dunkelte, erwarteten wir Kinder ganz aufgeregt den Nikolaus.

Sankt Nikolaus im roten Mantel, einer roten Mütze, einem langen weißen Bart, den Rucksack auf dem Rücken und die Rute in der Hand.

So polterte er in seinen schweren Stiefeln die knarrenden Holzstufen hinauf, klingelte an der Wohnungstür und bat um Einlass.

Nach der Begrüßung mussten wir Kinder nacheinander Gedichte aufsagen.

Sankt Nikolaus lächelte freundlich über unseren Eifer und fragte jeden von uns: „Habt ihr eurer Mutter Sorgen bereitet, eure Hausaufgaben erledigt?"

Statt einer Antwort von uns Kindern meldete sich unsere liebe Mutter zu Wort:

„Ich kann nicht klagen, Nikolaus, alle meine vier Kinder haben ihre Pflichten erfüllt."

Im Goldenen Buch, das der Nikolaus zu Rate zog, waren nur positive Eintragungen über unser Verhalten zu lesen.

Frohgestimmt griff der bärtige Mann in seinen Rucksack und überreichte meinen Geschwistern und mir Äpfel, Nüsse und Lebkuchen.

Nach einem gemeinsam gesungenen Adventslied verabschiedete sich Sankt Nikolaus und polterte erneut die Stufen hinunter.

***

v.l.: Rita, Robert, Mutter Sophie Maria,
Gerhard und Anneliese, 1947

5.

LEHRER ZWILLING
(1951 – 1952)

Nach und nach änderten sich die Versorgungsverhältnisse in der seit 1949 gegründeten Bundesrepublik Deutschland.

Tag für Tag, Woche für Woche, Jahr für Jahr räumten die Trümmerfrauen die Trümmer und den dorthin entsorgten Unrat aus den zerbombten Häusern, Straßen und von den Plätzen.

Unter dem Motto: „Es kann nur besser werden", packten fleißige Hände vieler Bürgerinnen und Bürger überall mit an, wo sie gerade gebraucht wurden.

Im neuen Schuljahr des Jahres 1951, bekamen wir einen bisher nicht bekannten Klassenlehrer, Rudolf Zwilling (25.09.1893 – 11.11.1969).

Er kam zum richtigen Zeitpunkt, um mir meine Stärken aufzuzeigen und mir mit den drei Worten: „Du schaffst es!" Mut zu machen.

Nach kurzer Zeit seines Wirkens machten sich die Früchte meines Fleißes in schulischer Hinsicht bemerkbar.

Die Dreier-Noten wurden von Zweier-Noten abgelöst, auch Einser-Noten waren keine Seltenheit.

Herr Zwilling, war ein Mensch, der selbst Schweres im Leben erdulden musste. Als seine Frau starb, war er mit seinem minderjährigen Sohn allein. Plötzlich musste er für ihn sorgen, seine Fortbildung beaufsichtigen, den Haushalt führen und seinen Schülerinnen und Schülern in der Heidelberger Wilckensschule den Weg ins Leben aufzeigen. Keine leichten Aufgaben.

Auf diese Weise hatten mein Lehrer und ich, die ich täglich mit den Folgen einer Poliomyelitis klarkommen musste, etwas Gemeinsames, die „Leidüberwindung."

Ich gab mein Bestes in der Schule, lernte jeden Nachmittag drei Stunden, um den Anforderungen, die an mich gestellt wurden, gerecht zu werden.

Dadurch konnte ich mein ramponiertes Selbstbewusstsein stärken.

*

Bei Ausflügen in die Natur erklärte Lehrer Zwilling uns Schülerinnen, wie wohltuend schattenspendende Bäume bei hohen Temperaturen seien.

Auch Nachtwanderungen, die von den Mädchen und Jungen sehr gerne angenommen wurden, unternahm er mit uns. Mit großem Einfühlungsvermögen erklärte der Pädagoge uns dreizehnjährigen Mädchen und den gleichaltrigen Jungen, die wir ab der siebten Klasse dazu bekamen, das Leben der Planeten und der Himmelskörper.

Am nachtschwarzen Himmel zeigten sich der „große Bär" und der „kleine Bär", der „große Wagen" und der „kleine Wagen."

Vom Beobachten der nächtlichen Abenteuer ganz erfüllt, gingen wir in diesen Nächten beglückt nach Hause.

*

Die Schulstunden bei unserem allseits beliebten Klassenlehrer, Rudolf Zwilling, vergingen wie im Fluge.

In den sechs Wochen Sommerferien freuten sich die Geburtstagskinder auf den Schulbeginn, da sie ein Geburtstagslied und eine köstliche Praline zu ihrem neuen Lebensjahr bekamen.

Damals war eine einzige Praline etwas ganz besonderes, vor allem die freiwillige Gabe eines Produktes vom Klassenlehrer gestiftet, zählte viel mehr als heute.

Zum Abschluss unserer Schulzeit im Jahre 1952, führten wir Achtklässler das dänische Märchenspiel „Fidiwau" von Annemarie Krapp in der Turnhalle der Wilckensschule auf.

Lehrer Rudolf Zwilling
*25.09.1893 ✝ 11.11.1969

Die einzelnen Rollen der „Mutter Regesam", der „Base Redegern", des „Fridolin", der „Fee Wundermild" und der „Hexe Fidiwau" wurden von den Schülerinnen und Schülern mit großer Freude gelernt und gespielt.

Nach 56 Jahren dieser Aufführung sind mir noch einige Passagen in Erinnerung geblieben:

> „Fridolin, Fridolin,
> schau nicht nach der Hexe hin.
> Kehr' zum rechten Weg zurück"
>
> (flehte „Fee Wundermild").

Worauf die „Hexe Fidiwau" erbost antwortete:

> „Kuckuck Hexenteufelsbein,
> Wut, du machst mich platzen.
> Kommt die Wundermild herein,
> alles zu verpatzen.
>
> Kuckuck Hexenteufelsbein,
> auf mein Zauberbesen.
> Wer von uns wird stärker sein?
> Fang' dies Feenwesen."

Fridolin, dem Protagonisten dieses Theaterstückes, dem kein Beruf gefiel, der Schuhmacher werden sollte, sagte gelangweilt:

> „Schuhe flicken,
> klipp, klapp, klapp,
> hinten ist der Absatz ab.
> In der Sohle ist ein Loch,
> Schuster, Schuster flick es doch.
>
> Vorne schaut die Zehe raus,
> ich soll's flicken, ei der daus!"

Fridolins „Mutter Regesam" antwortete: „Dann werde doch Schmied, wie der Base ihr Mann."

Empört entgegnete „Fridolin":

„In der heißen Schmiede stehn
und vor Hitze fast vergehn.

Hände und Gesicht voll Ruß,
Schmied sein nein, das bringt Verdruss."

„Mutter Regesam" und „Base Redegern" machten weitere Vorschläge, die der bequeme Junge entrüstet ablehnte.

Zum Schluss des aus dem Leben gegriffenen Theaterstückes siegte das Gute über das Böse.

Wutentbrannt rannte die „Hexe Fidiwau" von der Bühne.

„Fee Wundermild" dagegen lächelte zufrieden, da sie ihr Ziel erreicht hatte, in dem „Fridolin" nun doch einem Beruf nachging.

Als Dreizehnjährige mit einem Handicap blieb für mich nur die Arbeit der Souffleuse.

Im Souffleurkasten den Blicken der Zuschauer verborgen, konnte ich den Theaterspielerinnen und -spielern einsagen, wenn sie ihren Text nicht mehr wussten.

Für das Beifall klatschende Publikum gab es nur die Mitwirkenden, was ich 1952 sehr bedauerte. So gerne hätte ich die Rolle der „Fee Wundermild" gespielt.

Da dieser Wunsch vor 56 Jahren nicht in Erfüllung ging und ich nur „soufflieren" durfte, hatte mir mein gutes Erinnerungsvermögen jetzt diese aussagekräftigen Abschnitte geschenkt.

***

Rita und Klaus, Oktober 1953

Rita und Rudi, Dezember 1953

6.

MARGARETHE

Durch den Umzug von der Alten Bergheimer Straße in eine Vier-Zimmer-Wohnung in der Oberen Neckarstraße, begann für mich als 16jährige Schülerin im Jahre 1954 ein neuer Lebensabschnitt.

Meine Geschwister und ich genossen die Aussicht über das Dächergewirr der Altstadt und vom Speicherfenster aus auch auf die berühmte Schlossruine.

Beim Einräumen der vielen Dinge, die man im Grunde gar nicht benötigte, fand sich in einer kaum einsehbaren Kellerecke eine völlig staubige Sektflasche der Marke „Henkell trocken", welche von der Vormieterin, Frau Zachmann, bei ihrem Auszug vergessen worden war.

Wir säuberten die Flasche, öffneten sie und probierten einen kleinen Schluck davon.

Überrascht von der Qualität des Sektes, waren wir einstimmig der Meinung, die Flüssigkeit zum Einzug in die neue Wohnung zu genießen.

Tage später, wir hatten uns in der neuen Umgebung schon etwas eingelebt, begegnete ich im Hausflur am Briefkasten beim Post holen, Margarethe, die mit ihren Eltern und ihrem sechs Jahre jüngeren Bruder Hans im Erdgeschoss desselben Hauses wohnte.

Wir kamen ins Gespräch, tauschten unsere Namen aus, und verabredeten uns zu einem Besuch ins „Schwarzwald-Café", das viele Jahre später dem Verkehr weichen musste.

An unserem freien Samstag-Nachmittag saßen wir im behaglich eingerichteten Café mit Original-Schwarzwalduhren, Gemälden mit Schwarzwaldmotiven in Goldrahmen, rotkarierten Tischdecken, ebensolchen Vorhängen an den Fenstern und verbrachten mit anderen Gästen zwei schöne Stunden.

Ich erfuhr, dass Margarethe fünf Monate jünger war als ich, da sie am 20. Januar 1939 in Röwersdorf, im ehemaligen Sudetenland, das Licht der Welt erblickt hatte.

Bei aromatisch duftendem Bohnenkaffee und einem Stück Schwarzwälder-Kirschtorte erzählte sie mir aus ihrem Leben.

Als ihr kleiner Bruder Hans vierzehn Tage alt war, mussten Margarethe, ihre Mutter und das Baby zum ersten Mal in einem Planwagen die Heimat verlassen.

Anfang März 1945 war es bitter kalt.

Nach der Kapitulation der deutschen Wehrmacht am 10. Mai 1945, dem offiziellen Datum des Kriegsendes, kehrten sie wieder nach Röwersdorf in ihr Haus zurück.

Dort erwarteten sie die totale Unordnung der Eindringlinge. Im Wohnzimmer fanden sich Sauerkrautreste hinter dem Ofen. Auf dem Esstisch standen benutzte Gläser und Essensreste. Holzstücke lagen in der ganzen Wohnung verstreut. Von der ehemaligen Ordnung war nichts geblieben.

Und wieder begann eine neue Welle der Vertreibung vieler unschuldiger Menschen.

Am 03. Juni 1946 stiegen Hunderte von heimatlosen, verzweifelten Frauen und Kinder jeden Alters, im Heidelberger Güterbahnhof aus den Viehwaggons.

Sie hatten ihr gesamtes Hab und Gut verloren, ihre Nachbarn und Freunde und ihre Männer befanden sich zu dieser Zeit in russischer Kriegsgefangenschaft.

Auch Margarethes Vater kam erst im Jahre 1949, als Spätheimkehrer, genau wie mein Vater aus der Gefangenschaft nach Hause.

Die grau-blauen Augen meiner Freundin blitzten erregt, als sie mir von dieser schweren Zeit erzählte.

Im Ochsenkopfweg bekam die Familie mit zwei Kindern und der Mutter einen vierzehn Quadratmeter großen Raum zugewiesen.

Sie waren heilfroh, in der Universitätsstadt Heidelberg untergekommen zu sein und hatten nur den einen Wunsch, erstmals tüchtig auszuschlafen.

Margarethe und ihre Mutter litten sehr unter diesen beengten räumlichen Verhältnissen. Der kleine Hans, der bereits eine Odyssee auf der Flucht hinter sich hatte, bekam zum Glück die Gehässigkeiten der Erwachsenen nicht mit, denn am 28. Februar 1945 wurde auch er in Röwersdorf, im ehemaligen Sudetenland geboren. Nahrung und seine kleine Familie waren für ihn das Wichtigste.

Im Jahre 1950 bezog die nunmehr vierköpfige Familie in der Oberen Neckarstraße vorläufig ein Zimmer, da die anderen Zimmer von Einzelmietern bereits belegt waren. Die Küche und die Toilette benutzten die Mieter gemeinsam.

Doch mit den Jahren bekam Margarethes Familie alle drei Räume für ihren eigenen Bedarf.

Von diesem Zeitpunkt an wurde das tägliche Leben für Eltern und Kinder wesentlich leichter.

*

Da meine Freundin Margarethe in jungen Jahren bei einem renommierten Heidelberger Verlag arbeitete und täglich weite Strecken mit dem Bus zurücklegen musste, holte ich sie am Feierabend, so oft es mir möglich war, an der Bushaltestelle „Peterskirche" ab.

Im Winter und bei schlechtem Wetter kam es vor, dass der Busfahrer zwanzig Minuten Verspätung hatte. Das Schimpfen der wartenden Fahrgäste nützte nichts, verdarb nur die gute Laune.

Da mich die Beinschmerzen auch im Teenageralter quälten, setzte ich mich auf eine Mauer, welche das Areal der Peterskirche umgab. Geduldig wartete ich auf meine Freundin Margarethe, bis die Lichter des Linienbusses das Ende meiner Wartezeit signalisierten.

Als meine Freundin leichtfüßig den Bus verließ, winkte ich ihr freundlich zu und sprang von der Mauer.

Auf dem gemeinsamen Nachhauseweg erzählten wir fröhlich plaudernd die positiven und negativen Ereignisse, die sich an diesem Arbeitstag zugetragen hatten.

Die innere Verbundenheit, die selbst nach über 54 Jahren Freundschaft noch lebendig ist, nahm damals von Tag zu Tag, von Woche zu Woche und von Jahr zu Jahr zu.

*

Da wir bereits in jungen Jahren kulturell sehr interessiert waren, unterhielten wir uns oft über herausragende Dichterpersönlichkeiten, wie Johann Wolfgang von Goethe.

Weltbekannt waren seine Romane: „Die Leiden des jungen Werther"; aber auch „Wilhelm Meisters Lehrjahre."

Seine Dramen: „Götz von Berlichingen", „Faust"; sowie „Iphigenie auf Tauris" kannten viele Theaterfreunde.

Die Tragödien von William Shakespeare: „Romeo und Julia", „Othello", „Hamlet", „King Lear" und "Macbeth", sowie die Komödien: "Was ihr wollt", "Ein Sommernachtstraum", "Viel Lärm um nichts" wurden in europäischen Theaterhäusern aufgeführt.

Allein durch diese ständigen Erwähnungen bekam ich richtig Lust, eine dieser Darbietungen in der Städtischen Bühne, Heidelberg, zu besuchen.

Im Jahre 1956 wurde zu meinem Glück ein Platz neben meiner Freundin im Theater frei.

Trotz körperlicher Strapazen als Lehrling in einer Fabrik für Präzisionsapparate und viel zu weiten Fußwegen, ließ ich mir den erbauenden Theaterabend einmal im Monat durch nichts nehmen.

Für wenig Geld konnte ich 1956 – 1958 einmal monatlich eine Oper, eine Operette, eine komische Oper, oder ein Schauspiel im Theater besuchen.

Wir hörten und sahen gemeinsam „Die Zauberflöte" von Wolfgang Amadeus Mozart, „Madame Butterfly", eine Oper von Giacomo Puccini, „La Traviata", eine Oper von Giuseppe Verdi, „Banditenstreiche", eine Operette von Franz von Suppé, die am 27. April 1867 in Wien uraufgeführt wurde, das Libretto der Operette in drei Akten schrieb: B. Boutonnier.

Obwohl viele Jahrzehnte in Freud und Leid inzwischen vergangen sind, erinnere ich mich sehr genau an das Schauspiel „Mutter Courage und ihre Kinder", ein sozialkritisches Stück aus dem 30jährigen Krieg von Bert Brecht.

Die Hauptdarstellerin fuhr mit einem Planwagen auf der Bühne herum und rief unentwegt „Hunger."

Da ich an diesem Abend unvorhergesehene Überstunden im Büro machen musste, aus Zeitmangel vor der Theateraufführung ebenfalls nichts gegessen hatte, knurrte mein Magen verdächtig und ich hätte am liebsten „Hunger, Hunger" gerufen.

Endlich war die Pausenzeit angebrochen und meine Freundin Margarethe kaufte mir im Foyer Schnapspralinen. Nachdem ich ihr eine angeboten hatte, aß ich gleich zwei Pralinen auf einmal. Den Rest legte ich in meine weiße Lederhandtasche.

Nach dem Klingelton nahmen wir unsere Plätze wieder ein.

Am Schluss des ereignisreichen Tages war der Schnaps durch die Wärme im Theaterraum durch die Pralinen getropft und hatte somit meine heißgeliebte Tasche mit dem Seidenstoff im Innern vollkommen ruiniert.

Viele Jahre später lachten wir herzlich über dieses Missgeschick, doch am Tage der Entdeckung machte ich mir Vorwürfe, dass ich keine Kekse ohne Füllung gekauft hatte.

Obwohl nach vielen Jahrzehnten die beiden Enkelkinder Kathrin und Florian für meine Freundin Margarethe zum Lebensinhalt geworden sind, kann uns niemand die schönen, gemeinsam verbrachten Stunden unserer Jugend und das gegenseitige Verständnis nehmen.

Die Erlebnisse im Beruf, im Privatleben und die gemeinsam verbrachten Theaterabende leuchten für mich heute noch wie Sterne am nachtschwarzen Himmel.

Die innere Verbundenheit ist selbst nach 54 Jahren noch lebendig und dafür bin ich dem Schicksal sehr dankbar.

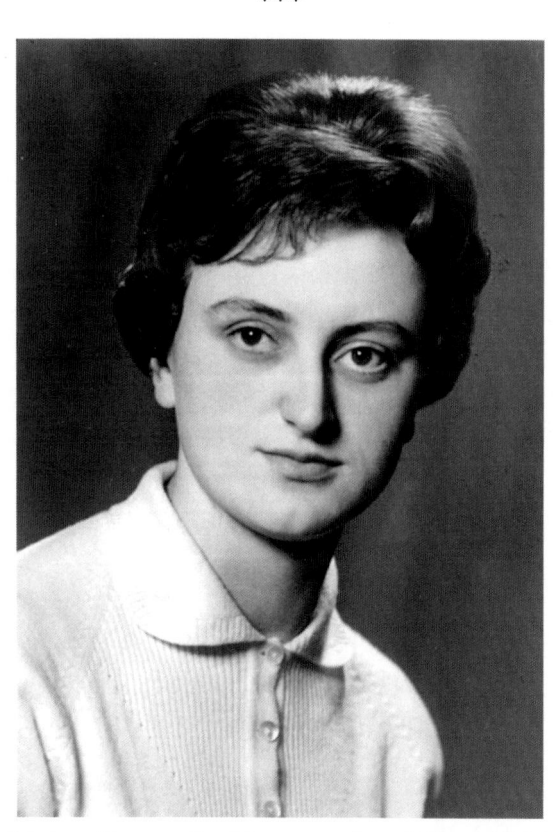

***

Meine Freundin Margarethe, März 1961

7.

Fritz Walter
– Weltmeisterschaft 1954 in Bern –

Bei strahlendem Sonnenschein am 04.07.1954 in Bern, begann der Tag für die Spieler der deutschen Fußball-Nationalmannschaft, die Sepp Herberger trainierte, früh am Morgen. Nachmittags jedoch regnete es in Strömen.

Die vielen interessierten Zuschauerinnen und Zuschauer hatten ins Stadion Regenmäntel, Schirme und Planen zum Abdecken mitgebracht.

Die fußballbegeisterten Menschen saßen auf ihren Plätzen im Regen und warteten auf den Beginn des Endspiels Deutschland : Ungarn.

Als die Hymne: „Einigkeit und Recht und Freiheit" erklang, hatten manche ältere Besucher Tränen in den Augen.

Die deutsche Elf in ihren weiß-schwarzen und die Ungarn in ihren rot-weißen Trikots sahen beeindruckend aus. Nach dem Anpfiff nahm das Spiel seinen Lauf.

Die Enttäuschung der Deutschen war sehr groß, als die Ungarn nach wenigen Minuten das erste Tor ins Netz schossen.

Fritz Walter, der Kapitän der deutschen Mannschaft, feuerte seine Mitspieler an, endlich ein Gegentor zu erzielen.

Stattdessen mussten die Spieler ein zweites Tor hinnehmen. Nun sahen die deprimierten deutschen Zuschauer die Mannschaft Ungarns schon als „Weltmeister."

Doch diese wiederholte Blamage gegen Ungarn konnte Deutschland nicht ohne Kampf hinnehmen. Bei jedem abgefeuerten Ball spritzte den kämpfenden Fußballern das Wasser ins Gesicht. Die elf aufgestellten Spieler (Kapitän Fritz Walter, Tormann Toni Turek, Horst Eckel, Otmar Walter, Werner Liebrich, Helmut Rahn, Max Morlock, Werner Kohlmeyer, Hans Schäfer, Jup Posipal und Karl Mai) gaben alles, bis zur letzten Reserve. Die Mühe lohnte sich. Ein Jubel erfüllte das Berner Stadion, als Max Morlock nach elf Minuten das erste Tor für Deutschland erzielte.

Kurzes Aufatmen, jedoch keine Verschnaufpause, denn immer noch war Ungarn mit einem Tor voraus.

*

Da wir im Jahre 1954 noch keinen Fernsehapparat besaßen, machten wir es uns im Wohnzimmer vor dem Radioapparat gemütlich.

Als das Endspiel zwischen Ungarn und Deutschland begann, konzentrierten wir uns auf unser Gehör und den nimmermüden Radio-Reporter Herbert Zimmermann.

Auch unsere Gesichter sahen traurig aus, als das erste Tor für Ungarn fiel.

Nach dem zweiten Tor für die ungarischen Nationalspieler drückten meine Familie und ich für Fritz Walter und seine Mannschaft die Daumen.

*

Aufgrund einer der gewohnten Zentimeter genauen Eckbälle von Fritz Walter schoss Helmut Rahn in der 18. Minute den Ball flach und hart zum 2:2 Ausgleich in das gegnerische Tor.

In der Pause gab Bundestrainer, Sepp Herberger, seinen Leuten in der Kabine nochmals strikte Anweisungen, ja er feuerte die Mannschaft an, wie sie Weltmeister werden könnte.

Nach der Pause stürmten die Fußballspieler beider Nationen über den nassen Rasen.

Auch die ungarische Mannschaft gab ihr Bestes.

Zum Glück für die deutsche Mannschaft hielt der Tormann, Toni Turek, viele Bälle, ansonsten hätte es für ihn und seine Sportkameraden schlecht ausgesehen.

Als Helmut Rahn sechs Minuten vor Spielende zum 3:2 für Deutschland seinen Treffer ins Tor bekam, sprangen die Zuschauer von ihren Plätzen auf und fielen sich vor Freude in die Arme.

Reporter Herbert Zimmermann jedoch dämpfte die Euphorie und erinnerte daran, dass das Spiel erst gewonnen, wenn die Spielzeit von 90 Minuten vorbei ist.

Ganz aufgeregt drückten wir von Heidelberg aus die Daumen, schauten jede Minute auf die Uhr und fielen uns in die Arme, als Herbert Zimmermann schrie: „Das Spiel ist aus, Deutschland ist Weltmeister!"

*

Auf den Heidelberger Straßen hupten die wenigen Autobesitzer lautstark, Passanten jubelten vor Freude. „Wir haben die Ungarn besiegt, obwohl wir im Auftaktspiel 8:3 verloren haben."

Junge Menschen fassten sich bei den Händen, tanzten vergnügt und riefen: „Wir haben gesiegt, wir sind Weltmeister!"

Nach den Grauen des „Zweiten Weltkrieges" gelangte das angeschlagene Selbstbewusstsein vieler Deutscher durch diesen sportlichen Erfolg zu neuer Achtung im In- und Ausland.

Durch die „Helden von Bern" war man wieder wer.

Begeistert wurde Kapitän Fritz Walter von seinen Kameraden hochgehoben, auf die Schultern gesetzt und durch das Stadion getragen.

Dem Trainer, Sepp Herberger erging es ebenso.

Während die deutschen Zuschauerinnen und Zuschauer mit ihrer überglücklichen Mannschaft ausgelassen feierten, ließen die ungarischen Nationalspieler die Köpfe hängen.

Obwohl die Deutschen anfangs 8:3 gegen die Ungarn verloren hatten, waren die anfänglichen Verlierer plötzlich Weltmeister. Das konnten die ungarischen Spieler, die vier Jahre kein Spiel verloren hatten, nicht fassen.

Enttäuscht und wütend zugleich schlichen sie sich vom Spielfeld.

*

In Kaiserslautern, wohnten fünf herausragende Nationalspieler, vor allem die Brüder Fritz und Otmar Walter, Werner Kohlmeyer, Horst Eckel und Werner Liebrich.

Nach der Weltmeisterschaft fuhren die deutschen Nationalspieler im Sonderzug mit der Aufschrift „Fußballweltmeister 1954" in Singen ein.

Musikkapellen standen am Bahnsteig und die Musiker gaben ihr Bestes an Klang und Lautstärke.

Fritz Walter und seine Kameraden, sowie der Trainer, Sepp Herberger schauten aus den Fenstern, schüttelten viele Hände und bekamen Blumen über Blumen, einen Baumkuchen und viele hochprozentige Getränke für ihren Sieg.

Die Feierlichkeiten nahmen kein Ende: Interviews mit den Rundfunkanstalten, Empfänge im Rathaus, Clubs und vielen Sportvereinen folgten.

Diese Aufgaben nach dem herausragenden Spiel kosteten die Männer Tage nach der Weltmeisterschaft mehr Kraft, als die drei in Bern erzielten Tore.

*

Als Fritz Walter, Kapitän der Weltmeisterelf von 1954 und Ehrenspielführer der Deutschen Fußball-Nationalmannschaft am 31.10.2000 seinen achtzigsten Geburtstag feierte, kamen auch die noch lebenden Freunde von damals, zum Festtag.

Der Postzusteller schleppte Säcke mit Briefen, Glückwunschkarten und Paketen für den sympathischen Sportsmann zu dessen Domizil.

Auch ich hatte meinem Fußball-Idol Fritz Walter zum achtzigsten Geburtstag gratuliert und ihm das Buch

„Hermann, der kleine Bär"
– Geschichten über Heidelberg –

als Geschenk zugesandt.

Obwohl ich mich seit März 1989 wegen den Folgen einer durchgemachten Poliomyelitis mühsam an zwei Krücken fortbewegen muss, gilt mein großes Interesse dem Fußball- und Tennissport.

Mitte Januar 2001 erhielt ich Post aus der Stadt Kaiserslautern.

Interessiert schaute ich auf den Absender des Briefes. Als ich den Namen Fritz Walter las, war meine Freude groß, ein Gefühl wie Ostern und Weihnachten an einem Tag.

Beim Öffnen des Briefkuverts erblickte ich eine Postkarte, auf welcher der lachende Fritz Walter abgebildet war. Seine mit Kugelschreiber geschriebenen Worte lauteten:

„Ihnen, lb. Rita Reutter
von Herzen Dank
u. alles Gute

Ihr Fritz Walter   Weihnachten 2000"

Voller Stolz zeigte ich dieses für mich so kostbare Geschenk meiner Familie, vor allem meinen ebenfalls sportbegeisterten Brüdern.

***

8.

MEIN OPA
Wilhelm Breunung

Wenn ich an meinen Opa mütterlicherseits zurückdenke, habe ich ihn in den langen Jahren, die ich mit ihm im Kreise meiner Familie verbringen durfte, nie unfreundlich erlebt.

Bei jedem Besuch seiner Enkelkinder nahm er sich viel Zeit.

Damals gab es in der Nähe der Heidelberger Bergbahnstation einen Brunnen, von dem die Anwohner und Liebhaber des Quellwassers für ihren Kaffee und Tee in Kannen das köstliche Nass besorgten. So auch Opa Breunung.

Auf der Hauptstraße holte er in seiner Stammbäckerei Kuchen, Brezeln und süße Stücke, die wir Kinder so gerne aßen.

Opa Breunung sprach gutes Hochdeutsch, denn er ist am 05. Juli 1878 in Fulda geboren worden. Er heiratete zweimal, da seine erste Frau an den Folgen einer schweren Krankheit verstarb und er mit vier kleinen Kindern zurecht kommen musste.

Seine zweite Frau, Elise Breunung, geborene Apfel, kam aus Dossenheim.

Sie schenkte ihrem Mann Wilhelm einen Sohn, der am 03. Januar 1923 das Licht der Welt erblickt hatte. Die älteren Geschwister, vor allem meine kinderliebe Mutter, verwöhnten den kleinen Philipp sehr.

Oma Elise war eine gute Köchin. Da sie nun fünf Kinder und zwei Erwachsene zu versorgen hatte, musste sie sich immer neue Gerichte mit wenig Aufwand an Zeit und Kosten ausdenken.

In den Jahren nach dem „Zweiten Weltkrieg" hat sie uns, ihren vier Enkelkindern und meiner lieben Mutter oft etwas besonderes gekocht.

Fleisch war 1948 für viele Menschen eine Seltenheit.

Damals gab es nur an Geburtstagen, Ostern, Weihnachten und Silvester wohlschmeckenden Schweine-, Rinder- oder Sauerbraten.

Oma Elise, die sehr geheimnisvoll das für uns unbekannte Fleisch mit Kartoffelbrei, Souce und Rotkraut servierte, wünschte uns allen eine gesegnete Mahlzeit.

Während des Essens im blumengeschmückten Wohnzimmer schaute sie ihre Enkelkinder und meine Mutter geheimnisvoll an.

Wir speisten mit Genuss.

Nach dem Essen sagte uns Oma Elise, dass wir heute Pferdefleisch gegessen hätten. Als sie in unsere verduzten Mienen blickte, lachte sie, bis ihr die Freudentränen die Wangen hinunter liefen.

Pferdefleisch aß ich übrigens nie wieder in meinem Leben, obwohl Pferde im Gegensatz zu Schweinen vom äußeren Erscheinungsbild her sehr saubere Geschöpfe sind.

*

Gerne erinnere ich mich an die Ausflüge, die ich ohne Begleitung meiner Familie, nur mit meinem geliebten Opa, unternehmen durfte.

Von der Karlstraße aus war die Wegstrecke, den Friesenberg hinauf, in den Heidelberger Schlossgarten, nicht weit. An vielen Samstag-Nachmittagen gingen wir frohgestimmt dort hin.

Mein Lieblingstor war das 1615 errichtete „Elisabethentor", das der Winterkönig, Kurfürst Friedrich der V. seiner Gemahlin Elisabeth Stuart zu ihrem 19. Geburtstag, angeblich in einer Nacht, erbauen ließ. Dieses triumphbogenartige Tor war die Eingangspforte für den im Westwall liegenden Stückgarten. Mit „Stücke" waren zu damaliger Zeit schwere Geschütze gemeint.

Geradezu magisch angezogen wurde ich als kleines, wissbegieriges Mädchen von dem „Engelsrelief" am Ruprechtsbau. Kurfürst Ruprecht III. war der Bauherr dieses im gotischen Stil errichteten Hauses. Im 14. Jahrhundert war er als „Ruprecht I. von der Pfalz" deutscher König.

Mein Opa erzählte mir, dass das Wappen mit dem Relief der beiden Engel, Friedrich II. im Jahre 1545 anbringen ließ.

Die Engel halten einen Kranz mit fünf Rosen in den Händen, von einem Zirkel umschlossen.

Kurz vor Vollendung des Gebäudes seien die Zwillinge des Baumeisters vom Gerüst gestürzt.

Dem traurigen Vater sind die Knaben als Engelsgestalten nachts im Traum erschienen.

*

Mein Opa, Wilhelm Breunung
* 05.07.1878 ☦ 22.04.1959

Wenn die Tage durch Kälte und Schnee in den Wintermonaten kürzer wurden, blieben wir Enkel bei unserem Opa zu Hause in der Karlstraße.

Der siebzigjährige Mann entfachte ein Feuer im Küchenofen, legte erst Anfeuerholz, dann kräftigere Holzstücke und zum Schluss Eierkohlen in die Glut.

Nach wenigen Minuten umgab uns in der gemütlich eingerichteten Zwei-Zimmer-Wohnung eine wohlige Wärme.

Hansi, der gelbe Kanarienvogel saß auf Opas Schultern und schmiegte sein Köpfchen an die manchmal unrasierte Wange.

Wenn wir neugierigen Enkelkinder unserem Opa beim Rasieren zuschauen durften, lachten wir herzlich über die Grimassen, die er im Spiegel schnitt, mit einem Rasiermesser die Bartstoppeln entfernte und den Rasierschaum mit einem weichen Tuch beseitigte.

Nun durften wir vier Kinder, dem Alter nach, Opas glatt rasierte Wangen begutachten.

Auch Hansi, der gefiederte Bewohner, empfand die von den Bartstoppeln befreiten Wangen als viel angenehmer.

Das Abschiednehmen von Opa Wilhelm und Oma Elise fiel uns an manchen Tagen besonders schwer.

In der Altstadt konnten wir Kinder Vieles bewundern, was es im Stadtteil Bergheim nicht gab. So nahmen wir die „Schlossruine" in unseren Herzen mit nach Hause und freuten uns auf ein Wiedersehen bei unseren Großeltern.

*

Wenn wir Kinder, Gerhard, Anneliese, Robert und ich bei unserem Opa aus dem Küchenfenster schauten, sahen wir die Pflastersteine des steil zum Schloss hinaufführenden Eselspfades.

In früheren Zeiten, als die Kurfürsten das Schloss bewohnten, trugen Esel Säcke mit Mehl auf dem Rücken, direkt von der Herrenmühle den Eselspfad hinauf bis zum Schloss.

Heute ist dieser Pfad eine Sackgasse.

Das Gebäude des Paulusheims, in dem viele kleine Kinder untergebracht waren, reichte von der Karlstraße bis zur Plankengasse.

In den Jahren nach Ende des „Zweiten Weltkrieges" saßen öfters in einem Leiterwagen mehrere braune, blonde und rothaarige Kinder, die von einer jungen Aufsichtsperson betreut und ausgefahren wurden. Die Kleinen weinten häufig.

Am liebsten hätte ich die weinenden Kinder aus dem Leiterwagen geholt, sie getröstet, ihnen gerne Opas Kanarienvogel gezeigt, damit sie wieder fröhliche Gesichter hätten.

Da ich als Kind und auch als Jugendliche von meinem Wesen her sehr schüchtern war, konnte ich meine Pläne damals noch nicht verwirklichen.

Neunzehn Jahre später, 1965, im Alter von 27 Jahren, besuchten mein verständnisvoller Mann Otto und ich Kinder im Paulusheim, das nun in der Nähe des Klosters „Stift Neuburg" seine Pforten eröffnet hatte.

Wir erfuhren von dem Schicksal eines kleinen Jungen, dessen leibliche Eltern durch Krankheit nicht in der Lage waren, für ihren Sohn zu sorgen. Tim, ein vierjähriges, sehr schweigsames Kind, hatten wir nach einigen Besuchen im Paulusheim bald in unser Herz geschlossen.

An einem sonnigen, doch sehr kalten Oktobertag, holten wir Tim im Paulusheim ab und fuhren mit der Straßenbahn durch die Hauptstraße, die in diesem Zeitabschnitt noch keine Fußgängerzone war, zum Bismarckplatz.

Im neu erbauten Kaufhaus Horten fuhren wir mit dem Kleinen die Rolltreppe hinauf.

Da der Junge nicht warm genug gekleidet war, bekam er von uns einen warmen, farbigen Pullover, eine Mütze, einen Wollschal und dazu passende Handschuhe.

Tim blühte auf. Er sagte: „Danke", immer wieder „danke."

Als wir an einem Stand mit Lebkuchenherzen vorüberkamen, durfte sich der Vierjährige eines nach seinem Geschmack auswählen. Mit Zuckerguss war zu lesen: „Ich mag dich". Die Verkäuferin hängte Tim das Herz um und strahlend vor Glück fuhr der Junge mit uns wieder ins Paulusheim zurück.

Auch in den sechziger Jahren schon bekam ich Beinbeschwerden, wenn ich durch weite Wegstrecken meine Kräfte überforderte.

Nach zwei Jahren musste ich diese mir sehr am Herzen liegenden Besuche im Paulusheim aus gesundheitlichen Gründen wegen des weiten Weges vom Karlstor bis kurz vor „Stift Neuburg" wieder aufgeben.

*

Als im Jahre 1957 meine liebe Oma Elise Breunung starb, hatte mein neunundsiebzigjähriger Opa zum Glück meine Mutter, seine Enkelkinder, die sich inzwischen außer uns Vieren zahlenmäßig vergrößert hatten, und seinen gefiederten Freund Hansi.

Da wir 1954 in die Obere Neckarstraße gezogen waren, konnte Opas zweite Tochter, Sophie Maria, täglich nach ihm sehen. Sie wusch seine Wäsche, putzte mit unserer Hilfe die Zwei-Zimmer-Wohnung und lud ihn, wenn er Lust hatte, zum Essen ein.

Mein Vater, Franz Mayer, meine Brüder Gerhard und Robert holten Opa Wilhelm oft zu einem Spaziergang ab.

Auch die Familien seiner Söhne Wilhelm, Karl und Philipp kümmerten sich rührend um den Witwer.

So vergingen die Frühlingstage, heiße Sommernächte, Herbsttage mit all' ihrer Farbenpracht, sowie die vor Kälte klirrenden Wintertage.

Opa Breunung ging es gesundheitlich altersgemäß gut und alle Familienmitglieder konnten es nicht glauben, als er am 22. April 1959 unerwartet von uns ging.

Noch nie in meinem jungen Leben hatte ich einen Toten gesehen. Opa lag mit friedlichem Gesichtsausdruck in seinem Bett, geradeso als ob er schlafen würde.

Unbeschreiblich groß war unser Schmerz, auch der Kanarienvogel Hansi war sehr traurig, denn er bekam eine neue Umgebung und andere Bezugspersonen.

Ich vermisste Opas gütige Stimme, sein von Herzen kommendes Lachen, ja sogar die Kringel, die er uns Kindern als Pfeifenraucher an die Wohnzimmerdecke geblasen hatte.

In Dossenheim wurde mein Opa Wilhelm Breunung (05.07.1878 bis 22.04.1959) beerdigt.

Nun war er im Tode vereint mit seiner geliebten Frau Elise, die zwei Jahre vor ihm verstorben war.

Hansi, der gelbe Kanarienvogel fühlte sich ohne sein Herrchen, meinen Opa, verlassen.

Einige Monate nach Opa Breunungs Tod verweigerte der Piepmatz die Nahrung. Es dauerte nicht lange bis seine Stimme verstummte und sein kleines Herz zu schlagen aufhörte.

***

9.

URLAUB IN SÜDTIROL
im Jahre 1960

Da meine beiden älteren Geschwister am 09.05. und am 22.08.1959 geheiratet und einen eigenen Hausstand gegründet hatten, war es bei uns zu Hause sehr ruhig geworden.

Mehr Platz zu haben war schön, doch die Trennung von Anneliese und Gerhard war für mich nicht leicht zu verkraften.

In dieser Zeit unternahmen meine Freundin Margarethe und ich Ausflüge in den Schwetzinger Schlossgarten und wir verbrachten die freien Wochenenden im Heidelberger Schlosspark.

Wenn wir auf der steinernen Goethebank sitzend unsere Augen schlossen, konnten wir uns in eine Zeit zurückdenken, in der Salomon de Caus einen Garten mit dem Namen „Hortus Palatinus" angelegt hatte.

Kurfürst Friedrich V. war der Bauherr dieses im sechzehnten Jahrhundert begonnenen und nie ganz fertiggestellten „achten Weltwunders" gewesen.

Im 30jährigen Krieg 1622 wurde der „Königliche Garten" mit seinen Terrassen, Wasserspielen, Grotten und Statuen hart umkämpft und in einigen Arealen zerstört.

Die exotischen Gehölze, der Pomeranzengarten und die Orangerie, welche im Winter beheizt wurden, fielen der sinnlosen Zerstörung zum Opfer.

*

Gutgelaunt fuhren mein Vater, meine Mutter und ich im Borgward Isabella nach Südtirol.

Unterwegs legten wir mehrere Pausen ein, um dem rasanten Fahrer etwas Ruhe und Entspannung zu gönnen. Vierzehn Tage wollten wir in Südtirol Land und Leute kennen lernen.

Von Norden fuhr mein Vater über den Brenner, an vielen Weinbergen, Obstwiesen und schattenspendenden Palmen vorüber.

Meine frohgestimmte Mutter und ich genossen den spürbaren Hauch des Südens, die reizvollen Landschaften.

In dem Künstlerstädtchen Klausen hatten wir uns von Ende Juli bis Mitte August 1960 bei der Wirtin des Gasthauses „Zum Bären" angemeldet.

Als wir spät am Abend unser Urlaubsziel müde und hungrig erreichten, hatte die Wirtin für uns eine kleine, aber sehr schmackhafte Brotzeit gerichtet. Die normalen Öffnungszeiten im Gasthaus „Zum Bären" waren längst vorüber.

Nach unserem strapaziösen Reiseweg hatten wir nur einen einzigen Wunsch, einige Stunden zu schlafen. Von Familie Trocker, nur wenige Meter vom Gasthaus entfernt, die freundlicherweise in den Sommermonaten privat einige Zimmer an Touristen vermietete, wurden wir freundlich empfangen. Sie zeigten uns die Zimmer, die mit Blumen, frischem Obst und Wasser für uns bereitstanden, wünschten eine gute Nacht und verließen geräuschlos die Räume.

Als der Mond in die Zimmer schien, war der Borgward Isabella-Fahrer bereits eingeschlafen.

Meine liebe Mutter und ich unterhielten uns leise über ihr erstes Enkelkind Elke, mein Patenkind, das am 05.10.1959 in Heidelberg geboren worden war.

Bald fielen auch uns Nachtschwärmerinnen die Augen zu. Unsere Träume galten unserem Urlaubsort Klausen in Südtirol.

*

Am nächsten Morgen erwachte ich früh und begab mich gleich ins Badezimmer, bevor andere Urlausgäste den gleichen Wunsch hegten.

Nach einem ausgiebigen Frühstück wollten meine Eltern und ich das Städtchen Klausen erkunden.

Die Zimmerwirtin, Frau Trocker, gab uns gute Ratschläge und wir machten uns erlebnishungrig auf den Weg.

Als wir durch die Altstadt wanderten, erblickten wir auf einem Hügel über dem Ort das beeindruckende „Benediktinerinnenkloster Säben."

Der Berg, auf dem vier Kirchen erbaut worden waren, zählt zu Tirols ältesten Wallfahrtsorten.

Während das Kloster für die Touristen verschlossen blieb, standen die Kirchentüren für gläubige Menschen aller Nationen offen.

Die Klausener, die uns an diesem Tag begegneten, waren selbstbewusste, sehr freundliche Menschen.

Im Jahre 1494/95 hat der Maler Albrecht Dürer einen Stich von Klausen angefertigt.

Im Stadtmuseum von Chiusa, wie die Italiener das Städtchen nennen, sind viele Werke, die in Klausen entstanden sind, zu sehen.

Aus dem deutschsprachigen Raum kamen Ende des 19. Jahrhunderts mehr als 250 Maler nach Klausen an die Eisack. Zur Zeit der Römer überwachte eine Zollstätte den Verkehr.

Als wir an einer anheimelnden Gaststube, deren Türen weit offen standen, vorbeikamen, gingen wir durch einen Perlenvorhang, den der Sommerwind sanft bewegte, in den dahinter liegenden Raum.

Einige junge Leute saßen an einem Stammtisch und redeten so laut, dass wir jedes Wort verstehen konnten. Sie wollten in Lajen-Ried, dem Geburtsort von „Walther von der Vogelweide" auf Spurensuche gehen.

*

Nach einem wohlschmeckenden Mittagessen im rustikal eingerichteten Gasthaus „Zum Bären" wurden für uns in Trockers

Blumengarten drei Liegestühle aufgestellt. Hier konnten wir von der Sonne gebräunt werden und uns erholen.

Wir bedankten uns bei dem sympathischen Vermieterehepaar und legten uns in die Liegestühle.

Heiß brannte die Sonne vom Himmel. Meine Eltern unterhielten sich angeregt, bis sie einschliefen.

Nach zwanzig Minuten der Langeweile erhob ich mich leise, um die Schlafenden nicht zu wecken. Mein Weg führte mich zum Haus der Familie Trocker.

Als die Zimmervermieterin mich erblickte, war sie sehr überrascht. Ich fragte sie: „Haben Sie etwas zu tun für mich?"

So eine Frage hatte die liebenswerte Frau in ihrem ganzen Leben noch nicht gehört.

Doch ich blieb ernsthaft bei meinem Anliegen. Letztendlich durfte ich, zusammen mit der verwunderten Zimmervermieterin Leintücher spannen, die sie aus dem bereitstehenden Wäschekorb entnahm. Durch diese einfache Handreichung kamen wir ins Gespräch.

Sie erzählte mir, dass im Jahre 769 Herzog Tassilo III. aus Bayern in Innichen Tirols erstes Kloster gegründet habe.

1525/26 Bauernaufstände grausam niedergeschlagen wurden, die Habsburger-Linie ausgestorben sei, und Tirol von Wien aus verwaltet worden war.

Nach der Niederlage gegen Napoleon musste Österreich 1805 Tirol an Bayern abtreten.

Vier Jahre später, 1809 erhoben sich die Tiroler gegen die Franzosen und das Land Bayern unter der Führung von Andreas Hofer.

Nach diesem kämpferischen Volkshelden haben die Trockers ihren jüngsten Sohn genannt, den sie liebevoll „Anderl" rufen. Der aufgeweckte Junge hatte viele Begabungen, eine davon war das Jodeln.

Eines Nachmittags, als ich in meinem Zimmer ein interessantes Buch las, hörte ich aus dem Nebenzimmer die frische Stimme des Zwölfjährigen, der fleißig das Jodeln übte.

*

Wenn ich nicht gerade mit meinen Eltern im Borgward Isabella in Südtirol unterwegs war, die Städte und Weindörfer zu erkunden, deren höchster Berg der 3.905 Meter hohe Ortler die Menschen beeindruckte, kam ich in die Küche unserer Zimmerwirtin zum Arbeiten und um ihren Geschichten von früher zu lauschen.

Dieses Mal erzählte mir die gertenschlanke, etwa 43jährige Mutter dreier heranwachsender Kinder, dass Bozen/Bolzano sich im Mittelalter zu einer reichen Handelsstadt entwickelt habe.

Unter dem gefürchteten Staatsmann Mussolini wurde nach dem „Ersten Weltkrieg" Südtirol an Italien angegliedert. Er schickte Arbeitskräfte aus Italien nach Südtirol, Mussolini ließ Industriebetriebe ansiedeln und er gab den Auftrag, eine italienische Neustadt am Beginn der „Freiheitsstraße" zu bauen.

Das „Siegesdenkmal" des Faschismus dokumentiert die Macht und den Triumph gegenüber den Unterlegenen.

Doch das Miteinander der Südtiroler und der italienischen Bürgerinnen und Bürger überwiegt nach all' den Jahren des friedlichen Zusammenlebens.

*

Als es an einem Samstag-Nachmittag Anfang August 1960 regnete, und wir keine Lust verspürten, den kurzen Fußweg ins Gasthaus „Zum Bären" zu gehen, wurden wir von Familie Trocker zum Mittagessen eingeladen. Dankend nahmen wir dieses freundliche Angebot an.

Im mit vielen Blumen geschmückten Wohnzimmer war der große Esstisch bereits liebevoll gedeckt. Die Tochter des Hauses, ein junges Mädchen von neunzehn Jahren, lächelte mir zu und bat meine Eltern und mich, auf der gepolsterten Eckbank Platz zu nehmen.

Nach dem gemeinsamen Tischgebet wurde das Essen serviert.

Es gab Aal mit Pellkartoffeln und als Nachspeise einen sehr bekömmlichen Obstsalat.

Das einfache Gericht schmeckte uns vorzüglich.

Und wieder erfuhren wir von Frau Trocker einiges über Land und Leute.

Zu Füßen des Langkofels, eines der bekanntesten Dolomitenberge, liegen die Grödner Gemeinden: St. Christian, Wolkenstein und St. Ulrich.

Der bekannte Schauspieler und Filmemacher „Luis Trenker", der in Südtirol nicht so bekannt war, wie im Ausland, fand in seinem Geburtsort St. Ulrich seine letzte Ruhestätte.

Wir kamen auch auf die Holzschnitzkunst zu sprechen. Aus Zirbelholz wurde von Grödner Holzschnitzern Kinderspielzeug, Heiligenfiguren und zahlreiche, brauchbare Gegenstände für den täglichen Bedarf, hergestellt.

Wegen der Verteuerung der Handarbeitsprodukte, wurden bei der Herstellung einzelne Teile mit der Maschine gefräst, um diese Artikel preiswerter an die Kunden verkaufen zu können.

Bevor dieser schöne Nachmittag zuende ging, holte Anderl Trocker sein Messer aus seiner Lederhosentasche und schnitzte mit Vergnügen und Geschick eine Pfeife, die tatsächlich einen schönen Klang erbrachte.

*

Am Vorabend vor der Abreise nach Deutschland, wurde ich zu dem jungen Mädchen gerufen.

Mir zu Ehren hatte die Südtirolerin ihre Landestracht angelegt. Sie sah plötzlich, im positiven Sinne, sehr verändert aus. Mit ihrer Erlaubnis durfte auch ich das Dirndl, die weiße Trachtenbluse, den Rock und die schwarzen Halbschuhe anprobieren.

Beim Gehen musste ich allerdings sehr aufpassen, um nicht den rechten Schuh zu verlieren, da mein rechter Fuß, durch die im Kindesalter erlittene Poliomyelitis, verkürzt ist.

Der zwölfjährige Bruder, Anderl Trocker, hatte sich ebenfalls in einen hübschen Südtiroler verwandelt. Der grau-grüne Jancker, das rotkarierte Hemd, die Lederhose mit den bestickten Hosenträgern, die grau-grünen Kniestrümpfe und schwarzen Halbschuhe kleideten ihn gut.

*

Inzwischen sind viele Jahrzehnte vergangen. Niemals habe ich die sympathische Familie Trocker aus Südtirol vergessen.

Trotz meiner langjährigen Berufstätigkeit und den vielen Aufgaben, die ich in den letzten achtundvierzig Jahren zu bewältigen hatte, werde ich den Südtirolern in Klausen immer einen Platz in meinem Herzen bewahren.

***

10.

Beginn eines neuen Lebens

Gibt es Zufälle oder Vorsehungen?

An einem sonnigen Septembertag 1960 begegnete ich im Filmtheater in der Heidelberger Hauptstraße einem jungen, schlanken Mann mit schwarzem Lockenhaar, wie ich es mir als junges Mädchen immer gewünscht hatte.

Zufällig saßen wir im Film „Das Glas Wasser" von Gustav Gründgens im abgedunkelten Raum nebeneinander. Während die Werbung lautstark für die Produkte warb, unterhielten wir uns flüsternd, bis sich eine ältere Dame, eine Sitzreihe hinter unseren Plätzen, über uns beschwerte.

Als das Licht im Kinosaal wieder heller leuchtete und die Eisverkäuferin ihre Eissorten anbot, wechselten wir wieder ein paar Worte miteinander.

Dann erloschen die Lampen und der Hauptfilm begann.

Verstohlen schaute ich zu dem dunkelhaarigen Mann an meiner linken Seite und bemerkte, dass auch er lächelte, sobald sich unsere Blicke trafen.

Das ist jetzt schon achtundvierzig Jahre her und wir sind bereits siebenundvierzig Jahre glücklich verheiratet.

Doch schön der Reihe nach.

Nach der Vorstellung strömten die jungen und älteren Leute dem Ausgang entgegen.

Zufällig begegneten wir der älteren Frau wieder, die sich im Kinosaal aufgeregt hatte.

Bevor sie erneut etwas sagen konnte, zog mich der junge Mann, der sich Otto Reutter nannte, zur Seite und die Nörglerin wurde von nachfolgenden Kinogängern abgedrängt.

Nun stand einer ausgiebigen Unterhaltung nichts mehr im Wege.

Auf der Hauptstraße angekommen, nannte ich meinen Namen.
Wir waren uns nicht fremd, obwohl wir uns erst zwei Stunden kannten.
Das Universitätsviertel mit dem bekannten Löwenbrunnen und dem imposanten Barockbau der „Alten Universität", der von Kurfürst Johann Wilhelm 1712 erbaut worden war, zog uns erlebnishungrige Menschen magisch an.
Als echtes Heidelberger Urgestein zeigte ich meinem sympathischen Begleiter das von Charles Belier 1592 erbaute Bürgerhaus, das den Orléanschen Erbfolgekrieg als einziges Gebäude überstanden hatte.
In dem sehenswerten, viel bewunderten Renaissancebau, ist das Hotel „Ritter" untergebracht.
Vom vielen Erklären der Sehenswürdigkeiten war ich sehr durstig geworden.
In der Nähe der „Alten Brücke" gingen wir in ein romantisch aussehendes Café.
Als wir uns zu später Stunde voneinander verabschiedeten, grüßten die barocken Turmhelme der „Alten Brücke" freundlich und die steinernen Flussgötter mit dem Standbild des Karl Theodors verneigten sich vor uns.

*

Die Tage bis zum verabredeten Wochenende, vergingen sehr langsam.
Erneut trafen wir uns an der „Alten Brücke."
Zum Glück störte uns bei unseren lebhaften Gesprächen niemand.
Mit ernstem Gesicht erzählte der junge Mann, dass er bereits im Alter von zwölf Jahren keine Eltern mehr hatte. Seine drei älteren Brüder: Bruno (Jahrgang 1928), Egon (1931) und Willi

(1935) waren zum Zeitpunkt unseres Kennenlernens schon verheiratet.

Otto, der jüngste Sohn (Jahrgang 1938) von Emilie Reutter, geborene Dilger, hatte das Bäckerhandwerk gelernt und arbeitete in einem Heidelberger Bäckerei-Betrieb.

Da mein Vater Franz Mayer bereits mit vierundzwanzig Jahren Bäckermeister geworden war, passten die gleichen Berufe, dachte ich.

Nachdem wir uns in einer Gaststätte, im Herzen der Heidelberger Altstadt, ein gemütliches Plätzchen gesucht hatten, erfuhr ich bei einem Glas Wein, die traurige Lebensgeschichte des Zweiundzwanzigjährigen.

Die Mutter, Emilie Reutter, die im Jahre 1901 das Licht der Welt erblickt hatte, war mit 38 Jahren Witwe geworden. Durch einen tragischen Arbeitsunfall hatte ihr Mann, Wilhelm Reutter, sein Leben verloren. Nun musste Frau Reutter ihre vier Söhne alleine großziehen.

Damals gab es kein Kindergeld und keine sonstigen Vergünstigungen vom Staat. In diesen schweren Nachkriegszeiten drehten die Erwachsenen jeden Pfennig zweimal um.

Glücklicherweise war Bruno Reutter, der Erstgeborene, volljährig, als seine geliebte Mutter am 04. März 1950 verstarb, so dass seine jüngeren Brüder Egon, Willi und Otto nicht in ein Heim gehen mussten.

An den Tagen der tiefsten Traurigkeit über dieses schwere Schicksal, versorgte eine ältere Schwester der Verstorbenen, Amalie Weber, den damals frauenlosen Haushalt.

Einige Jahre später mussten sich die Heranwachsenden jedoch selbst versorgen.

Dieser traurige Umstand kam Jahre später den Familien der tüchtigen Reutter-Brüder zugute.

*

Auch ich hatte bei der Wahl meines Ehepartners das große Los gezogen.

Welcher Mann, der müde und erschöpft von der Tagesarbeit nach Hause kommt, würde die Abwesenheit seiner Ehefrau, die sich um ältere Menschen kümmerte, tolerieren?

Mit Leib und Seele widmete ich mich meinen Aufgaben, den drei Ehrenämtern von insgesamt 43jähriger Dauer. Zwanzig Jahre Literaturgruppe „Vita Poetica", zwanzig Jahre Besuchsdienst im Deutschen Roten Kreuz-Altenheim und drei Jahre Schriftführerin und Pressewartin im Albert-Schweitzer-Freundeskreis, Heidelberg.

Im Laufe der Jahre ist aus dem ehemaligen Waisen Otto Reutter ein zufriedener, glücklicher Mann geworden, der sich ein großes Herz für seine Familie und andere notleidende Menschen bewahrt hat.

Dafür bin ich meiner „Schwiegermutter Emilie Reutter" postthum sehr dankbar.

Retrospektiv betrachtet, hat jedes auferlegte Leid auch etwas Gutes im Leben der unmittelbar Betroffenen und der Lebensgefährten.

***

v.l.: Paula Meichle und Emilie Reutter, ca. 1945

11.

HOCHZEIT IN DER HEIDELBERGER SCHLOSSKAPELLE

Anfang der sechziger Jahre in der Heidelberger Schlosskapelle zu heiraten, war etwas Besonderes.

Wochen vor dem großen Ereignis besorgte ich beim Staatlichen Liegenschaftsamt Heidelberg eine Genehmigung, damit wir am 14. Juli 1961, unserem Hochzeitstag, mit dem Wagen vor den Friedrichsbau fahren durften.

Obwohl sich die Sonne an diesem Tag kaum sehen ließ, und liebe Menschen, die meinem Herzen sehr nahe standen an der kirchlichen Trauung nicht teilnehmen konnten, sind meinem Mann und mir diese Stunden nach über vierzig Jahren in guter Erinnerung geblieben.

Im roten, mit weißen Rosen geschmückten Mercedes fuhr uns mein damaliger Chef, Dr. W.K.Sch.-Br. im Schlosshof an den staunenden Einheimischen und Touristen vorüber.

Vor der prachtvollen Fassade des Friedrichbaus hielt der Doktor an, stieg aus dem Fahrzeug und öffnete mir galant die Wagentür.

Der glückliche Bräutigam, Otto Reutter, reichte mir seinen Arm und geleitete mich sicher in die Schlosskapelle.

Den barocken Hochaltar in der Schlosskapelle, an dem von einem Jesuitenpater die katholische Trauung vollzogen wurde, hatten meine damaligen Geschäftskolleginnen mit mehrfarbigen Hortensien festlich geschmückt.

Die Worte des Geistlichen, dass wir einander lieben, achten und ehren sollen, bis dass der Tod uns scheidet, haben nach siebenundvierzig Jahren immer noch Gültigkeit.

Für dieses Geschenk sind wir dem Schicksal sehr dankbar.

Als der Organist unser gemeinsam ausgewähltes Lied: „So nimm denn meine Hände und führe mich..." spielte, musste ich mit großer Selbstdisziplin die Tränen zurückhalten.

Brautpaar Rita und Otto Reutter,
Hochzeit am 14.07.1961

Beim Hinausschreiten aus der Schlosskapelle begegnete mein Blick dem farbigen Wappen des Kurfürsten Jan Wilhelm und seiner Gemahlin, die aus dem Hause Medici stammte.

Ich glaube, dass sie uns kurz zulächelten.

Vor der Tür waren junge und ältere Menschen mit frohen Gesichtern zu sehen.

Als ich im weißen Kleid am Arm meines jungen gutaussehenden Ehemannes vor die Tür der Schlosskapelle trat, riefen die Damen: „Eine Braut, eine Braut!"

Obwohl wir von diesen netten Leuten niemanden kannten, schüttelten sie unsere Hände und wünschten uns viel Glück für unser weiteres Leben.

Ich lächelte die Gratulantinnen freundlich an, bis mein damaliger Chef uns zuwinkte und die Wagentür öffnete.

Als waschechte Heidelbergerin fühlte ich mich trotz der verstärkt aufkommenden Fußschmerzen, welche die neuen orthopädischen Schuhe bei jedem Schritt verursachten, sehr wohl.

Im roten Mercedes verließen wir den Schlosshof und waren uns einig, dass unsere kleine Hochzeitsgesellschaft und die anwesenden Touristen zu einer internationalen Begegnung geführt hatten.

***

Rita und Otto Reutter
Weihnachten 1961

Rita und Otto Reutter
Heidelberger Blumentage
auf dem Schloss, 1962

Rita Reutter mit Susan
15.05.1968

Otto Reutter mit
Susan und Taeffy
15.05.1968

12.

ROSEMARIE EICK

Rosemarie Eick, die in Stettin geborene Journalistin, Moderatorin und Autorin arbeitete als Rundfunksprecherin beim Süddeutschen Rundfunk Stuttgart.

Ihre beliebten Rundfunksendungen „Damals und heute" und „Musik zur Kaffeestunde" verzauberte die große Zahl ihrer Zuhörer.

An Samstag-Nachmittagen, immer um die gleiche Zeit, hörten Otto und ich, diese seelisch aufbauende Rundfunksendung.

Rosemarie Eicks verständnisvolle Stimme gab uns in einer Stunde des Zuhörens und der klangvollen Hintergrundsmelodien viel Kraft. Damit konnten wir den Alltag besser bewältigen.

Ihr Metier war die freundliche Unterhaltung. Sie hatte Verständnis für alle Generationen.

In früher Kindheit erzählte ihre Großmutter Geschichten, und legte damit unbewusst den Grundstein für ihr Verständnis allen Schwachen und Kranken gegenüber.

Als wir in unserem ersten Domizil, in den Jahren 1962 – 1969 in der Lessingstraße wohnten, hörten wir am Samstag als Belohnung für die vergangene, anstrengende Woche die Rundfunksendung „Damals und heute."

Im Winter saßen wir beim Kerzenschein im Wohnzimmer, tranken ein Glas Wein und lauschten Rosemarie Eicks sympathischer Stimme. Sie wusste viel Interessantes zu erzählen.

An einem Sommernachmittag saßen wir im Philosophengärtchen und blickten auf die Heidelberger Schlossruine. Hier schuf Merian 1620 die weltbekannte Stadtansicht Heidelbergs.

Wir waren so in unser Gespräch über die ehemaligen Kurfürsten vertieft, dass wir die Zeit außer acht ließen. Als wir bemerkten, dass die Zeiger der Armbanduhr unerbittlich auf 16.00 Uhr zustrebten, verließen wir im Eilschritt unseren Platz, um die Rundfunksendung „Damals und heute" nicht zu verpassen.

So schnell es mein Handicap zuließ, liefen wir den steilen Weg hinunter bis zur Lessingstraße.

Inzwischen hatte die Sendung „Damals und heute" bereits begonnen. Volle dreißig Minuten vernahmen wir Rosemarie Eicks gute Ratschläge und der Samstag-Nachmittag klang harmonisch aus.

*

Fünfundzwanzig Jahre später, inzwischen hatten wir zwei Umzüge verkraftet, unser Wunschkind Tanja bekommen und den ersten Gedicht- und Aphorismenband „Vielfältiges Leben" 1987 veröffentlicht, las ich, dass die Moderatorin Rosemarie Eick Mitglied im FDA Baden-Württemberg sei.

Da auch ich seit September 1987 Mitglied im Freien Deutschen Autorenverband geworden war, schickte ich Frau Eick mein neues Buch als Dankeschön für die wunderbare Zeit mit ihrer Rundfunksendung „Damals und heute" an den Süddeutschen Rundfunk Stuttgart.

Endlich konnte ich mich bei einer Frau bedanken, die Otto und mir in den sechziger Jahren viel Freude bereitet hatte.

Als ich am 02.10.1987 von Rosemarie Eick ein Autogramm erhielt, war meine Freude groß.

Ich erblickte eine sympathische Frau mit gütigen braunen Augen, gewelltem kastanienbraunen Haar, dezentem Make up und Perlenohrringen, die mich anlächelte.

Der Text auf der Rückseite der Fotografie lautete:

„Ja, so ist es, liebe Frau Reutter,
das Leben ist wie eine Straße...

...man ist am Ende wieder allein.

Herzlichen Dank
für das kostbare Geschenk
und viele gute Wünsche

Ihre

Rosemarie Eick"

Zum richtigen Zeitpunkt hatte ich auf meine innere Stimme gehört, dieser warmherzigen, liebenswerten Frau mit meinem Buch „Vielfältiges Leben" eine Freude bereitet, denn ein paar Jahre später ist Rosemarie Eick an einer unheilbaren Krankheit verstorben.

In unseren Herzen lebt sie weiter, da sie uns, meinem lieben Mann und mir, so viele harmonische Samstag-Nachmittage geschenkt hatte.

***

13.

Ein Tag in Frankfurt

Gut gelaunt saßen wir im Zug, der am 12. Juni 1970 von Heidelberg aus der „Goethe-Stadt" Frankfurt entgegenfuhr.

Das Wetter zeigte sich von seiner besten Seite.

Um auf den Spuren des berühmten Dichterfürsten Johann Wolfgang von Goethe (1749-1832) zu wandeln, hatten wir uns an einem Freitag Urlaub genommen, den Alltag einfach abgestreift.

Wir wollten das „Goethe-Haus" und das „Goethe-Museum" in Frankfurt besuchen.

Als wir im Frankfurter Bahnhof aus dem Zug stiegen, schlugen unsere Herzen in freudiger Erwartung, Einblick in das Leben des vielseitig begabten Dichters, Philosophen, Juristen, Naturwissenschaftlers, Kunstkritikers und Staatsmannes zu erhalten.

Der Aufsichtsbeamte im „Goethe-Haus" beantwortete uns freundlich lächelnd alle Fragen und nahm sich viel Zeit für seine Besucher aus Heidelberg.

Auf diese Weise erfuhren wir, dass Johann Wolfgang von Goethe nach Beendigung seiner Studien in Frankfurt und Wetzlar als Jurist tätig gewesen war.

Im Jahre 1775 wurde der sechsundzwanzigjährige Goethe von Herzog Karl August als Erzieher und Minister nach Weimar berufen.

In dieser Stadt, im literarischen Kreis der Hofgesellschaft, lernte Johann Wolfgang von Goethe Charlotte von Stein kennen. Diese Frau beeinflusste wesentlich das Schaffen des Dichters.

Der großzügige Herzog Karl August schenkte 1776 Goethe in Weimar ein Gartenhaus. Darin konnte sich der junge Dichter ungestört seinen vielfältigen Aufgaben widmen.

Seine Italienreisen, die ihn zu neuen Werken inspirierten, erfolgten in den Jahren 1786 bis 1788.

Vom vielen Schauen und den Erläuterungen des netten Aufsichtsbeamten im „Goethe-Haus", bekamen wir großen Appetit. Wir bedankten uns bei dem aufgeschlossenen Herrn im dunklen Anzug mit dem gewinnenden Lächeln, nickten ihm freundlich zu und verließen den historischen Ort, um ein gemütliches Speiselokal aufzusuchen.

*

Als wir ein geeignetes Lokal mit schönem Ambiente gefunden hatten, ließen wir uns viel Zeit beim Mittagessen.

Plötzlich bemerkte ich stechende Schmerzen in meinem rechten, durch Poliomyelitis geschädigten Bein.

Da wir uns jedoch gleich nach dem Essen den Frankfurter Palmengarten anschauen wollten, behielt ich die Schmerzattacken für mich.

Als wir die grüne „Frankfurter Lunge" betraten, erwarteten uns meterhohe Gummibäume und exotische Pflanzen in vielen Farben.

Jede sich bietende Sitzmöglichkeit suchte ich auf und wollte einfach nicht wahrhaben, dass sich mein physischer Gesundheitszustand verschlechtert hatte.

In mehr als drei Jahrzehnten hatte ich gelernt, mit meinem Handicap so umzugehen, dass nicht einmal Familienangehörige bemerkten, wie es wirklich um mich stand.

Mit einem Lächeln im Gesicht baute ich mir viele Brücken, erfreute mich an den schönen Dingen des Lebens, an einem Stück Erdbeerkuchen mit Sahne, an einer guten Tasse Kaffee, klassischen Melodien in einem Barock-Café, und war heilfroh zu Hause angekommen, die schweren orthopädischen Schuhe abstreifen zu können.

***

Rita Reutter, 08.06.1969

Rita Reutter, 12.06.1970
im Hof des Goethehauses,
Frankfurt/Main

Rita Reutter, 12.06.1970
im Goethe-Museum,
Frankfurt/Main

Rita Reutter, 20.09.1970 im HD-Schlossgarten, vor der Goethebank

Otto Reutter, April 1971

14.

Unser Wunschkind

Mittwoch, 8. November 1972.

Im Kreißsaal des St. Elisabeth-Krankenhauses hörte ich drei Minuten nach 23.00 Uhr den ersten Schrei meines Babys.

Die gestresste Hebamme legte mir mein kleines Mädchen nach der Geburt in die Arme, bevor es gewaschen, gewogen, sein Kopfumfang gemessen und die Größe ermittelt wurde.

Es wog sieben Pfund und war 53 Zentimeter groß.

Meine Blicke suchten den Körper des Neugeborenen ab. Gott sei Dank, es hatte Arme, Hände, Beine und Füße. In diesem Augenblick war ich die glücklichste Mutter auf der ganzen Welt.

Nach elf Ehejahren konnten mein Mann und ich unser gesundes Baby dankbar in die Arme schließen.

Am nächsten Tag kamen Verwandte, Bekannte und Freunde in die Klinik, die das kleine Wesen mit den blauen Augen und der kräftigen Stimme mit Strampelhöschen, Ausgehgarnituren und Spielsachen beschenkten.

In diesen Augenblicken des Glücks waren die Unannehmlichkeiten der Schwangerschaft, die große Hitze drei Monate vor der Geburt unserer kleinen Tochter und die langen Jahre ohne Nachwuchs vergessen.

Obwohl ich im November 1972 mit vierunddreißig Jahren bereits als Spätgebärende galt, ist es in der heutigen Zeit üblich, erst ab dreißig Jahren mit der Familienplanung zu beginnen.

Große Ausnahmen sind fünfundfünfzigjährige Mütter, die allerdings schon mehrere Geburten hinter sich haben. Eine sympathische Lehrerin aus Berlin, Mutter von zwölf Kindern, bekam das dreizehnte Kind, ein kleines Mädchen, in diesem Alter.

Unser Bundespräsident, Prof. Horst Köhler, übernahm die Patenschaft. Ab dem siebten Kind in einer Großfamilie ist der junggebliebene, sportliche Politiker Pate.

Das ist ein schöner Brauch und jährlich treffen sich alle Patenkinder mit ihren Eltern beim Bundespräsidenten zu einem unvergesslichen Fest.

Die kommenden Tage im St. Elisabeth-Krankenhaus waren ausgefüllt, das Baby zu stillen, zu wickeln, eine Beziehung zwischen Mutter und Kind aufzubauen und sich der Verantwortung dem kleinen Menschenkind gegenüber bewusst zu werden.

In freien Minuten dachte ich an meinen Opa mütterlicherseits. Als achtjähriges Mädchen marschierte ich mit einer drückenden Schiene am rechten Bein neben Opa den Friesenberg hinauf und musste unterwegs längere Pausen einlegen.

Geduldig wartete der stets gutgelaunte Mann, bis seine Enkelin Rita genug Kräfte gesammelt hatte, den steilen Weg zum Schlosshof zu bewältigen.

Unterwegs begegneten wir vielen Passanten, die mich mitleidig anstarrten.

Tapfer ertrug ich die stechenden Beinschmerzen, während ich Opas Stimme lauschte:

„Das Schloss war die ehemalige Residenz der Kurfürsten. Im 13. Jahrhundert entwickelte sich die Schlossanlage von einer Burg zu einer Residenz der Hochrenaissance", sagte er.

„Was ist Hochrenaissance?" wollte ich wissen.

Der geschichtlich interessierte Mann erwiderte: „Das ist ein Baustil in einem bestimmten Zeitabschnitt."

Mit dieser Erklärung gab ich mich damals zufrieden.

Sooft wir im Schlosshof die kurfürstlichen Gebäude vergangener Epochen bewunderten, stand ich am liebsten vor dem Ottheinrichsbau.

Kurfürst Ottheinrich, der von 1556 bis 1559 als letzter Spross der Kurlinie im Heidelberger Schloss regierte, hatte sich mit dem schön gestalteten Renaissancebau ein architektonisches Denkmal geschaffen, erzählte mir mein Opa, während wir den kurzen, steilen Buckel hinuntergingen.

*

Nach acht Tagen Klinikaufenthalt rief ich meine Schwester Anneliese an, die mir versprach, mich und das Baby rechtzeitig am 16. November 1972 abzuholen.

Die kalte Novemberluft blies mir vor den Türen der Klinik rau ins Gesicht, doch meine Freude, endlich mit unserem Nachwuchs heimzukehren, war groß.

In der Markgräfler Straße, in unserer damaligen Ateliers Wohnung, legten wir das schlafende Baby in die Wiege, zogen unsere Mäntel aus und ließen uns den frisch zubereiteten Kaffee gut schmecken. Als die Mittagsstunde nahte, hörten die lauschenden Nachbarn das erste Geschrei.

Nun wussten sie, dass das Wunschkind von jetzt an in den Tagesrhythmus der Hausgemeinschaft eingeplant werden musste.

***

Unser Baby Tanja, April 1973

Unser Baby, 31.05.1973

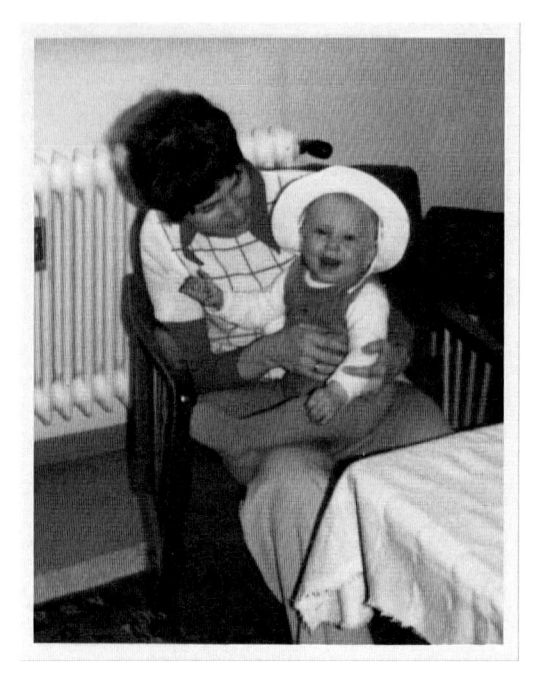

Rita mit ihrem Baby
10.06.1973

Omi, Tanja und Teddy
am 8.11.1973,
Tanjas 1. Geburtstag

Rita und Tanja, 31.12.1973

Tanja, unser Sonnenschein, 14.06.1974

Tanja auf dem Balkon, 08.07.1974

Tanjas 2. Geburtstag, 8.11.1974

Fernseh- und Wohnecke in der Markgräfler Str. 2
20.06.1973

Tanjas 3. Geburtstag
Tanja und Lisa, 08.11.1975

Rita und Tanja

24. 12. 1976

Otto und Tanja

Rita und Tanja
im HD-Zoo,
13.09.1977

Tanja und Rita
am Rosenmontag,
06.02.1978

15.

Mein vierzigster Geburtstag

Kaum zu glauben, wie schnell die Jahre nach der Geburt unserer kleinen Tochter Tanja vergangen waren.

Im Gasthaus „Zur Rose" in Heidelberg, Stadtteil Rohrbach, feierte ich am 29. August 1978 meinen vierzigsten Geburtstag im kleinen Kreise.

Meine Eltern, ein befreundetes Ehepaar und wir drei, Otto, Tanja und ich setzten uns an einen blumengeschmückten Tisch.

Bei stimmungsvollem Kerzenschein aßen meine Eltern, mein Mann und ich, Schwammerlsauce mit Semmelknödeln, während sich Tanja hausgemachte Spätzle mit Pfifferlingrahmsauce und das Ehepaar den Sauerbraten mit Klößen gut schmecken ließen.

Dazu tranken wir Weißwein, Bier und Rotweinschorle süß.

Für das kleine Mädchen gab es Orangensaft.

Da wir beide, Otto und ich berufstätig waren, besuchte unsere fünfdreivierteljährige, wissbegierige Tochter den Kindergarten in der St. Johannes-Gemeinde in Heidelberg-Rohrbach.

Auf dem Fahrrad war ein Sitz für Tanja angebracht, damit wurde sie von ihrem Vater morgens in den Kindergarten gefahren.

Vor dem Mittag, pünktlich um elf Uhr dreißig, holte ich mein Töchterchen vom Kindergarten ab, das mich bereits sehnsüchtig im Hof, in der Nähe des Sandkastens, erwartete.

Mein Arbeitstag begann um sechs Uhr in der Radiologischen Universitäts-Klinik, Heidelberg, Abteilung Röntgendiagnostik.

Deshalb war täglich die Nachtruhe, außer an Sonn- und Feiertagen, sowie im Urlaub, um vier Uhr fünfundvierzig für mich und meinen treusorgenden Ehemann, für einen Zeitraum von fünfzehn Jahren, beendet.

Nun genossen wir mit meinen Eltern und den Freunden die reichlich servierten Speisen.

Doch bevor im Gasthaus „Zur Rose" der Nachtisch gereicht wurde, hatte unsere kleine Tochter eine Frage: „Was ist Homo heidelbergensis?"

Unsere prompte Antwort hieß: „Ein Unterkiefer."

Damit Tanja den geschichtlichen Zusammenhang besser verstehen konnte, erklärten wir ihr, dass Daniel Hartmann am 21. Oktober 1907 in einer Sandgrube, Gewann Grafenrain in Mauer, einen Unterkiefer gefunden hatte, welcher dem ältesten Mitteleuropäer gehörte.

Am Stammtisch soll der Sandarbeiter stolz verkündet haben: „Heit hawwi de Adam gfunne."

Unter dem Namen „Homo heidelbergensis" erlangte der Fund des Daniel Hartmann weltweites Aufsehen.

Ob Tanja unsere Ausführungen mit knapp sechs Jahren verstanden hat, ist nicht bekannt, jedoch hat sie diese Frage kein zweites Mal an uns gerichtet.

*

Als im Restaurant der Nachtisch gebracht wurde, ließen wir uns das Erdbeer-, Schokoladen- und Vanille-Eis mit pikanten Waffeln gut schmecken.

Anschließend bezahlten wir beim Kellner die Rechnung und begleiteten unsere Gäste ein Stück auf ihrem Nachhauseweg.

Wieder war ein runder Geburtstag Vergangenheit, an den wir uns noch lange Zeit erinnert haben.

***

Rita und Tanja, 23.07.1978

Tanja und Rita am 29.08.1978, Ritas 40. Geburtstag

16.

VERTRAUENSÄRZTLICHE UNTERSUCHUNG
im Staatlichen Gesundheitsamt

Für den Untersuchungstermin im Staatlichen Gesundheitsamt Heidelberg, hatte ich mir im Jahre 1978 einen Tag frei genommen.

Meine Kolleginnen mussten meine Arbeit nicht übernehmen, da ich bereits am nächsten Tag meinen Pflichten als Arztsekretärin in der Radiologischen Universitäts-Klinik Heidelberg wieder nachkommen würde.

Während ich im Wartezimmer mit anderen Patienten auf den Vertrauensarzt wartete, gingen mir viele Gedanken durch den Kopf.

Wie schwer mir das Tragen meines auferlegten Schicksals, die erlittene Poliomyelitis, in den sechziger und siebziger Jahren gefallen war.

Auch ich hätte gerne mit meinem Mann eine ganze Nacht lang „Wiener Walzer" getanzt, wäre im Thermalbad mutig vom fünf Meter Brett ins Wasser gesprungen, oder hätte zum Beispiel auf einem Fahrrad Kunststücke vorgeführt.

Stattdessen benötigte ich mit zweiunddreißig Jahren eine Gehhilfe.

Anfangs stolperte ich über den Stock und hatte große Schwierigkeiten, beim Ein- und Aussteigen in Busse und Straßenbahnen. In diesen Minuten bat ich meinen Schutzengel um Hilfe.

Plötzlich fühlte ich, wie er seine Flügel ausbreitete und mich nach einem Gedränge der Fahrgäste beim Aussteigen aus einem Linienbus am Bismarckplatz sicher nach außen geleitete.

Der Ausspruch: „Dein Glaube hat dir geholfen", wurde in diesem Moment Realität.

Ganz deutlich sah ich wieder die in Goldrahmen gefassten Schutzengelbilder an der Wand im Kinderzimmer, die früher über unseren Betten gehangen hatten. Als Vierjährige schloss ich immer meinen Schutzengel, der lächelnd auf mich herabblickte, ins Nachtgebet mit ein. Bei seinem Anblick fühlte ich mich damals geborgen.

*

Erschrocken fuhr ich aus meinen Gedanken auf, als eine Arzthelferin mich ansprach und mir Unterlagen in die Hand drückte.

Ich verließ meinen Platz im Wartezimmer und musste nun noch wenige Minuten in einem Nebenraum warten, bis eine Kabine zum Röntgen frei wurde.

Die Röntgenaufnahmen des Thorax in mehreren Ebenen ergaben keinen pathologischen Befund, teilte mir eine sympathische Medizinisch Technische Assistentin mit.

Nach einer halben Stunde der präzisen Untersuchung an den Extremitäten, den vielen Fragen des Vertrauensarztes an mich, musste ich erneut das Wartezimmer aufsuchen.

Inzwischen waren neue Patientinnen gekommen.

Zwei Stühle von meinem entfernt saß eine Mutter mit ihrer kleinen Tochter, die spastisch gelähmt zu sein schien.

Mit einem Mal wurde mir klar, dass ich trotz meines Handicaps das Glück im Leben gefunden hatte, durch meinen verständnisvollen Mann und meine liebenswerte, kleine Tochter, die gesund geboren worden war.

Nach weiteren dreißig Minuten wurde ich erneut in das Untersuchungszimmer gebeten.

Im Beisein seiner Assistentin las mir der Vertrauensarzt den Untersuchungsbefund vor.

Nach diesen Fakten war der Grad der Beinbehinderung von früher 80 auf 100 % gestiegen.

Mit guten Ratschlägen und einem Brief an meinen damaligen Hausarzt, Dr. med. Peter Säuberlich, Arzt für Allgemeinmedizin, versehen, verließ ich das Staatliche Gesundheitsamt.

***

Vater Franz und Mutter Sophie Maria, 04.08.1979

v.l.: Anneliese, Vater Franz, Tanja, Mutter Sophie Maria und Elke, 29.08.1979

17.

Tanjas erster Schultag

Mit wahrer Begeisterung hatte sich unsere kleine Tochter Wochen vor dem Schulbeginn ihren modernen Bücherranzen im Kaufhaus ausgesucht.

Das gute Stück hatte außen zwei aufgesetzte Taschen und war im Vorderteil und seitlich mit jeweils einem Reißverschluss versehen. Die Farbe mittelblau gefiel Tanja am besten.

Am siebten September 1979 brach ein warmer Spätsommertag an.

Unsere ABC-Schützin war früh aufgestanden. In aller Ruhe konnte Tanja frühstücken, im Badezimmer länger verweilen, um zu einem bestimmten Zeitpunkt gerichtet zu sein.

Otto und ich, hatten uns für diesen besonderen Tag von der Arbeit freigenommen.

Frau Dagmar S., deren sechsjährige, blondhaarige Tochter Dorte ebenfalls mit unserem Töchterchen eingeschult wurde, holte uns um dreiviertelneun in der Markgräfler Straße mit ihrem Auto ab.

Unser Ziel war die Freie Waldorfschule in Mannheim-Neckarau.

In Mannheim-Neckarau, Neckarauer Waldweg 131 stiegen wir gutgelaunt aus dem Fahrzeug.

Viele aufgeregte Mädchen und Jungen standen mit ihren Eltern und Geschwistern im Schulhof und warteten geduldig auf ihre Klassenlehrer.

Endlich läutete die Schulglocke und die ABC-Schützen wurden in die jeweiligen Klassenzimmer gebeten.

Tanjas Klassenlehrerin, Frau Brigitte Caroli, stand in der Mitte des in Pastellfarben gehaltenen Zimmers.

Sie rief die Kinder mit Namen auf und bat sie nach vorne zu kommen.

Auf einem kleinen Tisch lagen weiße Kerzen von ca. zehn Zentimeter Länge. In der Mitte des Lehrerpultes war eine dicke weiße Kerze entzündet worden.

Die Aufgabe der Einzelnen bestand darin, die kleinen Kerzen an der großen Stammkerze zu entzünden und damit langsam zur zugeteilten Bank zurückzugehen, ohne dass auf dem Weg die winzige Flamme erlosch. Das war für viele quicklebendige Schülerinnen und Schüler nicht einfach.

Tanja hatte die erste Prüfung bestanden, denn ihre Kerze brannte, da sie langsam an ihren Platz zurückgelaufen war.

Rudolf Steiner, der Gründer dieser anthroposophischen Schulpädagogik, wollte, dass sich die jungen Menschen durch musische Fächer von Stufe zu Stufe an die Realität gewöhnen würden.

Mädchen und Jungen sollten sich im Werkunterricht eingehend mit Material, Farben und Düften befassen.

Jungen strickten und Mädchen brachten im Werkunterricht kreative Schöpfungen zustande.

Um die Beweglichkeit der Kinder zu fördern stand Eurythmie auf dem Stundenplan. Das waren rhythmische Bewegungen mit musikalischer Untermalung.

Diese Privatschule hatte einen Hort angegliedert, in dem die Schulkinder der ersten drei Klassen willkommen waren.

Nach dem Mittagessen, das in drei hellen Räumen ausgeteilt wurde, konnten die Kinder nach einer kurzen Pause zu ihrem Schulbus gehen, der nur für Waldorfschüler bestimmt war.

Der Busfahrer hatte täglich einen weiten Weg zurückzulegen, da eine Erstklässlerin aus Neckargemünd kam.

Obwohl viele Entfernungen mit großen zeitlichen Opfern verbunden waren, nahmen die Kinder und ihre Eltern täglich die Strapazen auf sich. Überwiegend akzeptierten die jungen Menschen dieses Schulsystem.

Jeden Morgen bekamen die Schulkinder von ihrer Klassenlehrerin einen Spruch zitiert, dann wurde mit den Flöten und der Leier musiziert, um die richtigen Schwingungen für schwierige Arbeiten zu erzielen.

Das schönste Geschenk am ersten Schultag für Tanja war die bunte Schultüte, die sie zu Hause in aller Ruhe öffnete und die Süßigkeiten mit Genuss verspeiste.

***

Tanjas erster Schultag
in der FWS, Mannheim
07.09.1979

Tanjas wichtiger Schritt,
07.09.1979

18.

Abschied für immer

Anfang Januar 1980 wurde meine geliebte Mutter, Sophie Maria Mayer, auf verschneiten Wegen auf dem Friedhof in Heidelberg-Handschuhsheim zu Grabe getragen.

Es war ein Abschied für immer.

Am zweiten Januar 1980 hatte sie den Kampf gegen eine unheilbare Krankheit verloren.

Ihre Leidenszeit war vorüber, unsere Trauer um das Liebste in unserem Leben begann, denn eine Mutter ist durch nichts im Leben zu ersetzen.

Ihre Liebe zu ihrem Mann, ihren vier Kindern und den Menschen, denen sie jemals auf Erden begegnet war, hatte sie ausgezeichnet.

In den Jahren ihres Lebens (05.09.1911 bis 02.01.1980) hatte sie ihr Vertrauen, ihre Güte und ihr großes Verständnis an ihre Mitmenschen verschenkt.

„Im Zweiten Weltkrieg" war sie oftmals Tag und Nacht für ihre vier Kinder auf den Beinen gewesen. Sie arbeitete stundenweise als Bäckerei - Verkäuferin im gleichen Geschäft, wo sie in jungen Jahren ihren Mann kennen gelernt hatte.

Als der Spätheimkehrer im Jahre 1949 seine Familie im Heidelberger Hauptbahnhof endlich wieder in die Arme schließen konnte, war unser Vater nur noch ein Schatten seiner früheren Gestalt.

In diesen schweren Tagen halfen wir Kinder tatkräftig im Haushalt und beim Einkaufen, damit Mutter mehr Zeit für ihren magenkranken Mann aufbringen konnte.

Diesen Familienzusammenhalt benötigten Vater und Mutter, um ihr Lebensschiff erneut durch die Klippen der Zeit zu steuern.

Zehn Jahre später, im Mai und im August 1959 heirateten die beiden Ältesten und unsere Mutter fühlte sich zwischen den zahlreichen Verwandten und Bekannten bei den Hochzeitsfesten sehr wohl.

Inzwischen hatte mein Vater seinen Traum von einer eigenen Bäckerei schweren Herzens aufgegeben, da sich im Laufe der Zeit eine Hautallergie gegen Mehl herausgestellt hatte.

Er wurde einer der tüchtigsten Handelsvertreter einer namhaften Stuttgarter Firma. Zu dieser abwechslungsreichen Beschäftigung benötigte mein Vater ein Auto.

Als am fünften Oktober 1959 das erste Enkelkind Elke geboren wurde, war meine Mutter die glücklichste Oma auf der Welt. Endlich hatte sie viel Zeit, sich um das süße Enkelkind zu kümmern, denn als Mutter von vier Kindern, war sie in den Kriegsjahren sehr beschäftigt gewesen.

Nun konnte sie die Liebe und Zuneigung zu ihrem Enkelkind als Oma ohne Einschränkungen genießen.

Als die zweite Enkelin Sylvia am 30. Juni 1962 das Licht der Welt erblickte und fünf Jahre später die dritte Enkelin Kerstin am 21. November 1967 geboren wurde, hatte meine fleißige Mutter keinen unausgefüllten Tag mehr zu verzeichnen.

Es sollten alle ihre drei Enkelinnen in den Genuss ihrer Liebe und Fürsorge gelangen.

Am 17. Juni 1970 erreichte sie ein Anruf ihres jüngsten Sohnes Robert.

Endlich kam Abwechslung in die Nachkommenschaft, denn Uwe, ein blondhaariger, allerliebst anzuschauender Junge war geboren worden.

Mit einundsechzig Jahren wurde Mutter am 08. November 1972 zum fünften Mal Oma, durch die Geburt ihrer Enkelin und unserer kleinen Tochter Tanja.

Das Baby hatte blaue Augen, genau wie seine Oma und mein ältester Bruder Gerhard.

Nach so vielen kinderlosen Jahren in unserer Ehe hatte uns niemand mehr ein Kind zugetraut, deshalb kamen die Verwandten und Bekannten aus nah und fern und beschenkten Tanja wie eine kleine Prinzessin.

Damit ich meine Arbeit in der Radiologischen Universitätsklinik als Arztsekretärin nicht aufgeben musste, bot sich meine liebe Mutter an, unser Baby vormittags in unserer Wohnung zu betreuen.

Für diese, nicht leichte Aufgabe, bin ich meiner geliebten Mutter über den Tod hinaus noch sehr dankbar. Damit hatte sie versucht, mir mein durch die Beinbehinderung sowieso schon schweres Leben zu erleichtern, das durch die Gewichtszunahme in der Schwangerschaft zu erheblichen Beinbeschwerden geführt hatte.

Durch dieses letzte Enkelchen blühte meine Mutter richtig auf. Stolz fuhr sie das hübsche Baby im Kinderwagen spazieren und die Nachbarn hatten den Eindruck, dass Tanja das fünfte Kind meiner Mutter sei und nicht das fünfte Enkelkind.

Als im Jahre 1978 die Nachricht von einer unheilbaren Krankheit durch den Gynäkologen meiner Mutter bestätigt wurde, brach eine Welt für uns zusammen.

Warum musste dieses Damoklesschwert gerade unsere Mutter treffen, die sich im Kreise ihrer fünf Enkelkinder so wohlfühlte? Darauf bekamen wir keine Antwort.

Eine schwere Zeit brach für unsere geliebte Mutter an. Operation, Chemotherapie und Bestrahlungen. Qualvolle Nächte mit Schmerzen, die am Ende ihres Lebens nur noch mit Morphium erträglich waren.

Meine Geschwister und ihre Familien kümmerten sich rührend um unsere herzensgute Mutter und Oma. Wir wechselten uns mit den Besuchen im Krankenhaus ab, so hatte unsere schwerkranke Mutter keine Langeweile.

In der Zwischenzeit lernte Vater kochen, versorgte den Haushalt und ging einkaufen.

Jeden Tag brachte er seiner Frau frisches Obst, Blumen und Zeitschriften ins Krankenhaus.

Für die Wäsche sorgte meine Schwester Anneliese. Auch dafür bin ich ihr sehr dankbar, denn ich selbst wäre durch meine Beinbehinderung und Berufstätigkeit zeitlich und physisch dazu nicht in der Lage gewesen.

Nach dem anstrengenden Vormittag in der Radiologischen Universitätsklinik beeilte ich mich, vor der Mittagszeit im Blumengeschäft rote Rosen für meine geliebte Mutter zu kaufen.

Das Einsteigen in die überfüllte Straßenbahn war nicht leicht für mich, da ich in einer Hand die Gehhilfe und in der anderen den Rosenstrauß halten musste.

Zu dieser Zeit hatte ich noch keinen Führerschein und war deshalb auf die öffentlichen Verkehrsmittel angewiesen.

In diesen für die ganze Familie so schweren Tagen, waren die kurzfristigen Entlassungen unserer Mutter aus dem Salem-Krankenhaus Lichtblicke für uns. Die Freude, sie zu Hause in die Arme schließen zu dürfen, war groß.

Die Oma war von ihren fünf Enkelkindern umgeben und lächelte für kurze Zeit glücklich.

Bei genauem Hinschauen sah man den Leidensweg, den unsere Mutter gehen musste, trotz der strahlend blauen Augen. Wir hätten ihr so gerne geholfen und mussten tagtäglich mit an sehen, wie diese heimtückische Krankheit immer mehr Besitz von ihr ergriff.

Soweit es mein durch die Poliomyelitis geschädigtes rechtes Bein zuließ, lief ich von der Straßenbahnhaltestelle Rottmannstraße zum Salem-Krankenhaus, um sie zu besuchen als Mutter erneut die Klinik aufsuchen musste.

Auf dem für mich weiten Fußweg dorthin baute ich mir gedanklich Brücken, sonst hätte ich diese körperliche Belastung im

Zeitraum von März 1978 bis Januar 1980 nicht überstehen können.

Die Liebe, die uns unsere treue Mutter in unserem Leben aus übervollem Herzen gegeben hatte, floss nun tausendfach zu ihr zurück.

So übergaben wir unsere über alles geliebte Mutter den höheren, guten Mächten mit der Gewissheit, dass wir eines Tages wieder vereint sein werden.

Unsere Lieben sind nicht tot, sondern uns nur vorausgegangen, um den himmlischen Empfang des Wiedersehens vorzubereiten.

***

Mutters Grab
in Heidelberg-Handschuhsheim, 11.05.1980

19.

TANJAS ERSTKOMMUNION
– Feier im Ristorante „Italia" bei Signore G. Corbari –

Am 26. April 1981 hatte das lange Warten auf den Ehrentag für die Kommunikanten ein Ende.

Zusammen mit vielen Mädchen und Jungen feierte Tanja die erste „Heilige Kommunion" in der Pfarrgemeinde St. Johannes in Heidelberg-Rohrbach.

Es war kalt an diesem Frühlingstag und Tanja empfand das weiße Jäckchen über dem langen Kommunionkleid als sehr angenehm.

Die Kirchenglocken läuteten, während fünfzehn Mädchen und zwölf Jungen zum feierlichen Hochamt mit den Ministranten und ihren Gruppenleiterinnen in die St. Johannes-Kirche einzogen.

Zum ersten Mal saßen die jungen Menschen im Altarraum und sie waren sehr beeindruckt von dem sakralen Geschehen, den Fürbitten und dem Glaubensbekenntnis während des Gottesdienstes. Opferung, Wandlung und die „Heilige Kommunion" bei brennenden Kerzen am Altar.

Mit dem Abschlusslied „Großer Gott, wir loben dich..." war die feierliche Zeremonie nach fast zwei Stunden beendet.

Auf dem Kirchenvorplatz nahmen die stolzen Eltern ihre Kinder in die Arme, die an diesem ereignisreichen Tage durch den Empfang der ersten „Heiligen Kommunion" zu vollwertigen Kirchenmitgliedern geworden waren.

Verwandte und Bekannte gratulierten den Mädchen und Jungen, bis Pfarrer Klaus Ries die Jugendlichen für das Gruppenfoto, auf der Wiese hinter dem Kirchengebäude, entführte.

Anschließend fuhr uns Tanjas Patenonkel Robert zum Fotografen in die Heidelberger Altstadt.

Als das Kommunionkind mit seinen Eltern und dem Patenonkel im Ristorante „Italia", bei Signore Giovanni Corbari eintrafen, wurden Hände geschüttelt, Glückwünsche gesprochen und Umarmungen ausgetauscht.

Die Gäste im reservierten Teil des Lokals konnten nach einem Begrüßungstrunk endlich ihre Plätze einnehmen. Die in Hufeisenform gestellten Tische waren mit rosa Tischdecken, Blumen und Kerzen festlich geschmückt.

Der aufmerksame Kellner hatte alle Hände voll zu tun, um die Wünsche der Festgäste zu erfüllen.

Danach wurden die Speisen des ausgewählten Menüs serviert.

Die Unterhaltung erstarb und die geladenen Gäste blickten zufrieden in die Runde.

Sie prosteten sich zu und genossen das bekömmliche Mittagsmahl.

*

Zwischendurch sah der Chef des Hauses, Signore Giovanni Corbari, nach dem Rechten.

In seinem Lokal hatten schon viele Politiker und Prominente die italienische Küche, sowie die exquisiten Weine, schätzen gelernt.

Mit einem Freund und späteren Kollegen war Giovanni Corbari mit dem Zug aus Cremona/Italien in die berühmte Neckarstadt Heidelberg gefahren.

Als die beiden unternehmungslustigen Italiener vom vielen Besichtigen der Sehenswürdigkeiten Hunger bekamen, gingen sie in ein Restaurant, in der Nähe des Kornmarktes. Dort bestellten die Herren eine große Portin Pasta.

Doch anfangs der fünfziger Jahre war die schmackhafte italienische Küche in Deutschland völlig unbekannt.

Da kam Giovanni Corbari und Gianni Julietta die Idee, in Heidelberg ein italienisches Speiselokal zu eröffnen.

Obwohl die jungen Männer in der damaligen Zeit kein finanzielles Polster aufweisen konnten, überzeugten sie ihre Gläubiger mit ihrer Entschlossenheit und dem unbeugsamen Willen in der Stadt ihrer Träume tätig zu werden.

Und so geschah es!

Selbst nach über fünfzig Jahren erleben die Gäste im Ristorante „Italia" unvergessliche Stunden.

Im Jahre 1996 hat der Seniorchef das Restaurant seinem Sohn Mauricio übergeben.

Zu Recht genießt er nun mit weniger Stress sein Leben im Kreise seiner Familie, besonders seiner drei Enkel.

Und wenn der AC Mailand oder der SV Hamburg Fußball spielen, muss Signore Giovanni Corbari mit seinen Söhnen unbedingt vor Ort sein, auch in vielen Städten innerhalb Europas, denn Fußball ist ein Teil seines Lebens.

*

Nun zum Fest der ersten „Heiligen Kommunion" zurück.

Nach einem ausgiebigen Spaziergang in Heidelberg-Rohrbach, gab es am Nachmittag
des 26. April 1981 Kaffee und Tee, dazu viele süße Köstlichkeiten an Kuchen und Torten, die der Chef der Bäckerei „Rodemer" in das Ristorante „Italia" gebracht hatte.

Bei gepflegten Gesprächen während der Zeit des Kaffeetrinkens vergingen die Stunden wie im Fluge.

*

Bald richteten sich die Eltern, das Kommunionkind und die meisten Familienangehörigen zum zweiten Kirchgang, der um 18.00 Uhr in der St. Johannes-Kirche, ebenso feierlich wie am Morgen, beginnen sollte.

Für eine arme Gemeinde in der dritten Welt wurden Geldgeschenke gesammelt, die am Kommuniontag von vielen Verwandten und Bekannten den Erstkommunikanten ausgehändigt wurden.

Nach dem feierlichen Gottesdienst trafen sich die geladenen Gäste wieder im Ristorante „Italia", um das Abendessen zusammen mit dem, den Mittelpunkt bildenden Kommunionkind Tanja, zu genießen.

Weit nach Mitternacht verschloss Signore Giovanni Corbari die Tür seines Restaurants und war froh, dass sich die Festgäste in seinem „Italia" wohlgefühlt und den Kochkünsten seines Teams Vertrauen geschenkt hatten.

***

Tanja Reutter, Erstkommunikantin, 26.04.1981

Otto Reutter mit
Tochter Tanja
am 26.04.1981

Rita Reutter mit
Kommunionkind Tanja
am 26.04.1981

Einzug der Kommunionkinder in die St. Johanneskirche, Heidelberg-Rohrbach

v.l.: Margarethe, Thomas, Hans und Rita
26.04.1981

Im Ristorante „Italia" bei Signore Giovanni Corbari
26.04.1981

Der Chef des Ristorante „Italia" bediente selbst
26.04.1981

Otto, Tanja und
Rita Reutter
im Ristorante „Italia"
26.04.1981

Otto, Rita und
Tanja Reutter
vor dem Ristorante „Italia"
26.04.1981

20.

Erstes Ehrenamt

Nachdem ich die Einsamkeit der älteren Menschen, die ich bei Besuchen im Salem-Krankenhaus kennen lernte, hautnah miterlebt hatte, meldete ich mich für den Besuchsdienst im Altenheim in meiner Kirchengemeinde St. Johannes in Heidelberg-Rohrbach an.

Von 1981 bis 2001 hatte die Kirchengemeinde für zwei Jahrzehnte eine ehrenamtlich engagierte Frau in mir gefunden.

Da ich damals in Heidelberg-Rohrbach, ganz in der Nähe der Massagepraxis wohnte, die im Hause des Deutschen Roten Kreuz-Altenheims untergebracht war, konnte ich wöchentlich nach einer Massage meine auf mich wartenden fünf älteren Menschen mit einem Besuch beglücken.

Beim ersten Treffen musste ich im Gespräch herausfinden, was die Frauen und Männer in ihrer Jugend erlebt, ob sie kulturelle Interessen hatten, oder mehr für praktische Dinge geeignet waren. Dadurch erfuhr ich viel Wissenswertes aus vergangenen Zeiten.

Meine Freude war groß, als mir eine alleinstehende, in Österreich geborene, trotz ihrem hohen Alter von 92 Jahren noch rüstige Frau, von ihrem Besuch in Heidelbergs ältestem Café, dem „Café Knösel", erzählte.

Ich staunte, dass sich Frau K. nicht nur den Kaffee und den Kuchen dort schmecken ließ, sondern mir auch über die Geschichte des Hauses berichten konnte.

So erfuhr ich, dass ein italienischer Kaufmann das Haus in der Haspelgasse 20 im Jahre 1704 hatte erbauen lassen.

Bevor Frau K. weiter erzählte, trank sie einen Schluck Tee aus einer goldumrandeten Porzellantasse.

Dann sagte sie: „Dieses Gebäude wurde zeitweise an ein Damenstift vermietet, Jahre später war dort eine Apotheke und danach eine Weinhandlung untergebracht.

Sechsundsiebzig Jahre nach der Erbauung des Hauses, erwarb 1780 Bürgermeister Leonhard Ritzhaupt diese Immobilie. Er verstarb früh. Seine Witwe, die zwei Töchter versorgen musste, vermietete Zimmer mit Frühstück an Studenten. Schlagende Studentenverbindungen, die 'Westfalen' und die 'Vandalen' trafen sich von nun an regelmäßig an diesem schönen, in der Nähe der Alten Brücke gelegenen Treffpunkt. Im Jahre 1903 kauften Caroline Knösel und ihr Ehemann das Anwesen Haspelgasse 20."

Frau K. hatte mit soviel Energie über die Vergangenheit des „Café Knösel" erzählt, dass sie sich beim anschließenden Teetrinken fast verschluckt hätte.

Für die geschichtlichen Ausführungen dankend, verließ ich die liebenswerte Frau, deren Heimat die vielbesungene Stadt Wien war.

*

Nachtrag:

Vier Jahre später, nachdem ich aus gesundheitlichen Gründen den Besuchsdienst 2001 nicht mehr durchführen konnte, hörte ich von einer Freundin, dass die Brauerei-Familie Höpfner aus Karlsruhe 2005 das Haus Haspelgasse 20 erworben hätte. Ein Umbau war geplant. Es galt eine über hundertjährige Tradition von Heidelbergs ältestem Café zu bewahren. Von 1903 bis 2005 hatten sich fünf Generationen dieser schönen Aufgabe gewidmet.

Da viele günstige Konstellationen zusammen kamen, setzten zwei junge dynamische Frauen als Pächterinnen des „Café Knösel" die Tradition des Hauses im August 2006 (ohne Ruhetag) fort.

Sabine Ferres und Sibylle Serafin, die ihre gute Idee verwirklicht hatten, werden auch weiterhin die Stammgäste und viele Besucherinnen aus dem In- und Ausland mit Kaffee und Kuchen, sowie schmackhaften, kleineren Mahlzeiten verwöhnen.

Ganz bestimmt ist dann auch das Hotel mit seinen sechs Doppelzimmern ausgebucht.

***

21.

ENGLISCH – KURSE (1983 – 1985)
in der Heidelberger Volkshochschule

Da ich als Arztsekretärin mit englischen Ausdrücken bei Reinschriften von Dissertationen und Habilitationen konfrontiert wurde, hatte ich mich zu einem Englisch-Kursus in der Volkshochschule entschlossen.

Nachdem ich die Gebühr von 65.- DM überwiesen hatte, kaufte ich mir das Lehrbuch, Student´s Book „Kernel One" von Robert O´Neill (Langenscheidt-Longman).

Am ersten Abend waren im angegebenen Raum im Helmholtz-Gymnasium ungefähr 25 Leute gekommen, die ihre Englisch-Kenntnisse an fünfzehn Abenden auffrischen wollten.

Alle Teilnehmerinnen und Teilnehmer warteten gespannt auf das Erscheinen ihres Teachers.

Wir Anwesenden waren sehr überrascht, als wenige Minuten vor Beginn des Unterrichts eine schlanke, in Jeanshosen, T-Shirt und weißen Sportschuhen gekleidete, sehr sympathisch wirkende Frau, das Zimmer betrat.

Sie nannte ihren Namen, bevor sie uns der Reihe nach fragte: „What´s your name, please?

Jeder antwortete mit seinem Namen.

Meine Antwort lautete: „My name is Rita Reutter."

Geduldig hörte sich Frau E. G. die einfachen Antworten am ersten Abend an.

Die nächste Frage der Lehrerin hieß: „What´s the time? Wir gaben die Antwort:

„It´s eight o clock."

Auf Seite zwei des Lehrbuchs erblickten wir vier Aufnahmen in schwarz/weißer Abbildung.

Picture one
This is London. London is a city. It is in England.

Picture two
And this is New York. New York is a city, too. It isn´t in England. It is in Amerika.

Picture three
This is Big Ben. Big Ben is a clock and it is in London.

Picture four
And this is Broadway. Broadway is a street in New York.

Dann kamen sieben Aufgaben Ask and Answer:

„Is London in England?"	"Yes, it is"
"Is New York in England?"	"No, it isn´t"

und so weiter.

Mit einfachen Wörtern hatte der erste Abend im Helmholtz-Gymnasium begonnen, doch von Stunde zu Stunde kamen viele neue Wortschöpfungen hinzu.

Das Sprechen fiel einigen Teilnehmern nicht leicht, doch mit der Zeit ließen sie die Befangenheit außer acht und redeten ungezwungen miteinander.

Von Unit 1 bis Unit 18 arbeiteten wir etwas älteren Volkshochschulteilnehmer uns Seite um Seite durch, bis das erste Lehrbuch „Kernel one" durchgenommen und der Kurs beendet war.

Von den zwei Dutzend Interessierten des hoffnungsvoll begonnenen Englisch-Kurses waren am Kursende nur noch vier Teilnehmerinnen übriggeblieben.

Bei einem Abschiedsessen im „Hutzelwald" in der Gaisbergstraße, ließen wir die vergangenen Monate unseres Englisch-Kurses in der Volkshochschule an unserem inneren Auge vorüberziehen, lachten über unsere Befangenheit an den ersten

Abenden und freuten uns über jeden, noch so kleinen Fortschritt, den wir durch fleißiges Üben hatten erzielen können.

***

Rita Reutter, 45. Geburtstag am 29.08.1983

22.

Mit fünfundvierzig Jahren mobil

Freudestrahlend betrat ich unsere Wohnung in der Markgräfler Straße und zeigte meinem, zu Hause auf mich wartenden Mann, den am 20. Dezember 1983 erworbenen Führerschein.

Meine Leistung anerkennend, nahm er mich überglücklich in seine starken Arme.

Dieses graue Stück Papier, für das ich mich fünf Monate, bei einer Fahrweise mit dem linken Fuß, richtiggehend geplagt hatte, veränderte fortan mein und unser Leben.

Raureif lag an diesem ereignisreichen Morgen auf den Dächern der Häuser und Felder, an denen ich im VW-Golf vorüberfuhr.

Punkt zehn Uhr wurde ich von meinem strengen Prüfer auf die Mannheimer Autobahn geschickt. Der Juniorchef der Fahrschule Boch schaute mich augenzwinkernd an.

Ich verstand seine Sprache auch ohne Worte.

Da ich Fahrten auf der Autobahn nicht unbedingt bevorzugte, lag ein Zentnerstein auf meinem Herzen. Doch zur täglichen Erleichterung meiner mühsam gewordenen Fortbewegung benötigte ich ein Auto, so musste ich wohl oder übel mit einem Lächeln im Gesicht diese Aufgabe meistern und alle Verkehrszeichen beachten.

Beim achteckigen Stoppschild (weiß/rot) mussten die Räder des Fahrschulwagens stehen, bei Baustellen durfte ich nur die ausgeschilderten Kilometer von 30, 50 oder 80 fahren, bis die Fahrbahn wieder breiter und mit höheren Geschwindigkeiten befahren werden durfte.

Bei Nichtbeachtung der Vorschriften hätte mir der Prüfer mit dem wachen Blick das begehrte Dokument, „Führerschein" genannt, nicht ausgehändigt.

Da ich in der Fahrschule Boch an diesem kalten Dezembertag als Erste mit der Fahrprüfung an die Reihe kam, wartete ich geduldig im Café Frisch, bis die nächsten Prüflinge lächelnd oder mit deprimiertem Gesichtsausdruck das Geschäft betraten.

Eine jüngere Frau, die ihren Fragebogen für die theoretische Prüfung fehlerfrei zurückbekommen hatte, kam mit Tränen in den Augen zur Tür herein. Sie setzte sich an einen Tisch und erzählte schluchzend, dass sie ausgerechnet am Prüfungstag vor lauter Aufregung an einer viel befahrenen Straße einem Opelfahrer die Vorfahrt genommen hatte und dieser nur durch schnelles Bremsen einen Unfall hatte verhindern können.

Die unglückliche Fahrerin tat mir von Herzen leid. Nun musste sie die praktische Prüfung wiederholen und nochmals Gebühren zahlen.

Der nächste Prüfling, ein junger, sportlich aussehender Mann, stürmte ins Café Frisch und verbreitete gute Laune, denn auch er hatte, genau wie ich, die Fahrprüfung gleich bestanden.

*

An diesem ereignisreichen Tag freute sich am meisten unsere inzwischen elfjährige Tochter Tanja, die am liebsten gleich eine Probefahrt mit mir gemacht hätte. Doch auf unser bereits bei der Firma Haussmann bestelltes Auto, mussten wir noch fast vier Monate warten.

Bevor ich am 20. Dezember 1983 das Licht im Wohnzimmer löschte, las ich nochmals in aller Ruhe die Eintragungen auf dem grauen, doch für mich so wichtigen Stück Papier:

Führerschein
für
Frau Rita Reutter
geboren am 29. August 1938
in Heidelberg
wohnhaft in 6900 Heidelberg
Straße: Markgräfler Straße 1

Frau Rita Reutter erhält die Erlaubnis, ein Kraftfahrzeug mit Antrieb durch Elektro- und Verbrennungsmaschine der Klasse drei zu führen.
Auflagen siehe Seite 4.

6900 Heidelberg, den 20. Dezember 1983
Stadtverwaltung Heidelberg
Amt für öffentliche Ordnung
Verkehrsabteilung
im Auftrag: gez. Unterschrift
Liste Nr. 2300/83

Auf der nächsten Seite lachte mir eine junge, dunkelhaarige Frau entgegen.

Das Passbild war schon einige Jahre älter, doch ich selbst hatte mich äußerlich kaum verändert.

Die untere Ecke war mit einem Stempel der Stadt Heidelberg versehen.

Bei eigenhändiger Unterschrift des Inhabers habe ich unterschrieben.

Die letzte Seite 4 enthielt die Auflagen:

```
1. Automatische Kraftübertragung.
2. Verlegung des Gaspedals nach links.
   Das rechts liegende Gaspedal muss gegen un-
   beabsichtigte Betätigung abdeckbar sein.
3. Abblendlicht und Scheibenwisch- und Waschan-
   lage muss von Hand betätigbar sein.
   Stadtverwaltung Heidelberg, Amt für öffent-
   liche Ordnung
   Stempel der Stadt Heidelberg
   - Verkehrsabteilung -
```

In dieser kalten Dezembernacht schlief ich in meinem warmen Bett bald ein und träumte von meiner ersten Fahrt im eigenen PKW.

***

23.

Meine erste Femurfraktur

Den siebten Februar 1984 werde ich, solange ich lebe, nicht vergessen.

Bei einem Sturz in der Wohnung Markgräfler Str. 1, zog ich mir einen Bruch im rechten Oberschenkel zu.

Verzweifelt saß ich auf dem Boden, hielt mein Bein umschlungen und hatte sehr starke Schmerzen. Ich schaute auf die Armbanduhr: 15.33 Uhr.

Von meiner Familie, die mir in dieser heiklen Situation hätte beistehen können, war niemand zu Hause.

Mein Jammern: „Mein Bein, mein Bein", wurde immer lauter.

Plötzlich hörte ich die energische Stimme der Hauswirtin vor meiner Wohnungstür.

Sie wollte wissen, was passiert sei.

Ich gab ihr Auskunft über meine derzeitige Lage.

Nach wenigen Minuten hatte sie aus ihrer Wohnung den Zweitschlüssel geholt. Zur Verstärkung brachte sie eine langjährige Mieterin, Frau Sch., mit. Diese rief von meinem Telefonapparat aus meinen Hausarzt Dr. med. Peter Säuberlich, an. Als er in unserer Wohnung eintraf fragte er verwundert: „Was ist geschehen?"

„Ich bin auf das rechte Bein gestürzt und kann nicht mehr aufstehen", antwortete ich.

„Frau Reutter, sie müssen sofort ins Krankenhaus, hier kann ich nichts für sie tun."

Doktor Säuberlich gab mir die Hand und verließ die Wohnung.

Trotz des Bodenteppichs, auf dem ich nun schon über eine Stunde mit immer intensiver werdenden Beinschmerzen saß, begann ich am ganzen Körper zu zittern.

Herr K., der ebenfalls im Hause wohnte, und von dieser ganzen Aufregung im Hause helfend herbeigeeilt war, legte mir eine Decke um die Schultern.

Nach mehr als siebzig Minuten Bodenlage mit gebrochenem Oberschenkel, die mir wie eine Ewigkeit vorgekommen waren, erschienen die Männer vom Roten Kreuz. Sie hatten mich durch ein Mißverständnis in der Chirurgischen Universitätsklinik gesucht, da ich dort schon seit Januar 1971 als Arztsekretärin beschäftigt war.

Die jungen Männer vom Roten Kreuz hatten eine Trage mitgebracht, um mich von unserer Souterrainwohnung nach oben in den Krankenwagen zu befördern.

Die besorgten „Helfer in allen Lebenslagen" wollten mich zu zweit vorsichtig hochheben, als ich vor kaum auszuhaltenden Schmerzen laut aufschrie.

Es half alles Reden und Beschwichtigen nichts, der Hausarzt, der sich viel zu schnell verabschiedet hatte, musste ein zweites Mal an diesem Tage nach seiner gestürzten Patientin schauen. Intravenös applizierte er ein Mittel gegen die starken Schmerzen so dass diese wie hinter einer Nebelwand verschwanden.

Endlich konnte der Transport in die Chirurgische Universitäts-Klinik beginnen.

In warme Decken gehüllt wurde ich in der Obhut der jungen Sanitäter vom Deutschen Roten Kreuz im Krankenwagen ins Krankenhaus gefahren.

Straßen und Plätze kamen mir in liegender Position ganz verändert vor.

Der Fahrer des Fahrzeugs fuhr rücksichtsvoll, um mir nicht noch mehr Schmerzen aufzubürden. Er und sein Kollege vom Deutschen Roten Kreuz begleiteten mich noch bis zur Radiologischen Universitätsklinik, Abteilung Röntgendiagnostik, meldeten mich an der Pforte an und übergaben mich den dort arbeitenden Medizinisch Technischen Assistentinnen.

Ich bedankte mich herzlich bei den Sanitätern für ihre einfühlsame Arbeit.

Erstaunt beugte sich der Oberarzt der Röntgenabteilung über die fahrbare Liege, als er mich, seine langjährige Mitarbeiterin, mit blassem Gesicht und gebrochenem Bein erblickte.

„Frau Reutter, was ist geschehen?"

Ich versuchte zu lächeln, was mir in dieser Situation jedoch nicht gelingen wollte.

„Bei einem Sturz in meiner Wohnung habe ich mir das Bein gebrochen", antwortete ich.

Die anschließend angefertigten Röntgenbilder des rechten Beines in verschiedenen Ebenen zeigten eine deutliche Femurfraktur rechts. Auch hier, beim diensthabenden Röntgenpersonal, gingen die MTA sehr behutsam mit mir um.

Nach den Röntgenaufnahmen wurde ich von einem weißgekleideten Krankenpfleger in den Gipsraum geschoben. Meine fast neue, beige Jerseyhose fiel einer spitzen Schere zum Opfer.

Hier war nur der leidende Mensch wichtig, nicht seine Kleidung, klärte mich der berufserfahrene Mann auf.

Das rechte, durch die Poliomyelitis schwer geschädigte Bein, wurde bis zu den Fußspitzen eingegipst.

Langsam hatte ich die Prozedur der Behandlung und das Anstarren der Mitarbeiter in der Röntgenabteilung satt. Ich sehnte mich nach meinem gemütlichen Zuhause.

Bis dahin musste ich mich noch etwas gedulden.

Trotz aller Aufregungen an diesem Tag des 07. Februar 1984 ließ ich mir am Abend, zusammen mit fünf Mitpatientinnen in der Chirurgischen Universitätsklinik, den servierten Pfefferminztee und die belegten Brote gut schmecken.

***

Otto und Rita Reutter (mit Gips am rechten Bein)
22.04. 1984

24.

VATERS SIEBZIGSTER GEBURTSTAG
– Lebensrückblick –

Am 19. November 1984 wurde mein lieber Vater siebzig Jahre jung.

Seinen Ehrentag feierten wir im Café – Restaurant Grimminger in Heidelberg-Rohrbach.

Das besondere Geschenk und die große Freude an diesem Abend war Elkes kleiner Sohn Oliver, der am 03.09.1984 geboren worden war und meinen Vater somit zum Uropa gemacht hatte.

Das Baby ließ sich in den Arm nehmen, lächelte friedlich und ich bewunderte den kleinen Erdenbürger, mit welcher Gelassenheit er die vielen unbekannten (wenn auch verwandten) Menschen ertrug.

Trotz vorzüglichem Essen an weißgedeckten mit Blumen dekorierten Tischen und bester Stimmung, die mein Schwager Walter, der zum ersten Mal Opa geworden war, verbreitete, fehlte das Herz der Familie, meine geliebte Mutter Sophie Maria.

Obwohl wir Kinder unseren Vater von ganzem Herzen liebten, ihn wegen seines unermüdlichen Fleißes achteten, fehlte uns allen die viel zu früh verstorbene Mutter.

Ein Leben lang hatte sie sich um ihre Familie gesorgt, den von der Kriegsgefangenschaft spät heimgekehrten Mann und Vater ihrer vier Kinder mit viel Liebe und großer Geduld wieder aufgepäppelt.

Wie hätte sie sich an Vaters siebzigstem Geburtstag über das Urenkelchen Oliver gefreut.

Nun lag sie schon fast fünf Jahre auf dem Handschuhsheimer Friedhof begraben.

Wie hatte sie im Jahre 1949 auf dem Bahnhof gestrahlt, als sie nach den harten Jahren des Alleinseins ihren geliebten, sehr kranken Mann wieder in die Arme schließen durfte.

Der inzwischen fünfunddreißigjährige, magenkranke Bäckermeister, Franz Mayer, fand wieder Arbeit in der Bäckerei, in der er zehn Jahre zuvor hatte aufhören müssen, um im „Krieg seinem Vaterland zu dienen."

Nach der Rückkehr des geliebten Vaters durfte der damals dreizehnjährige Gerhard seine „provisorische Vaterrolle" wieder abgeben. Seine Freude war groß, denn auch er hatte Wünsche, wie zum Beispiel das Zusammensein mit gleichaltrigen Jungen. Für diese, angenehme Beschäftigung war ihm in den letzten Jahren kaum Zeit geblieben, da er seiner lieben Mutter trotz seines jugendlichen Alters in Abwesenheit seines Vaters zur Seite gestanden hatte.

Nun ging es für die Familie von Jahr zu Jahr wieder aufwärts.

Für uns Mädchen und Jungen war es eine große Umstellung, als der kaum „bekannte Vater" die Regie im Haushalt übernahm. Doch mit der Zeit passten wir uns sehr schnell der neuen Situation an.

Im Jahre 1938 machte mein tüchtiger Vater im Alter von vierundzwanzig Jahren die Meisterprüfung im Bäckerhandwerk.

Seine Schnelligkeit, sein unermüdlicher Fleiß und seine freundliche Art mit Menschen umzugehen, machten ihn innerhalb kurzer Zeit für den Chef seines Betriebes unentbehrlich.

Dann begann der „Zweite Weltkrieg."

Die Jahre als Soldat in Russland und die harte Zeit der Kriegsgefangenschaft.

Nach der Heimkehr war der Aufbau der Gesundheit wichtig, eine Magenoperation musste verkraftet werden. Der nächste Schlag war die Unverträglichkeit der Mehlsorten an den Händen. Unweigerlich erfolgte der Abschied vom geliebten Bäckerhandwerk.

Es begannen die schweren Aufbaujahre als Handelsvertreter.

Mein ehrgeiziger Vater machte 1950 mit sechsunddreißig Jahren den Führerschein, kaufte sich einen Volkswagen und baute die Bezirke seiner Vertretertätigkeit aus.

Zum Glück hatte mein Vater eine Familie, die ihn mit Rat und Tat unterstützte.

Er gönnte sich kaum Ruhe und erreichte damit bei seinem Chef, dass er von vielen eingestellten Handelsvertretern innerhalb weniger Jahre den größten Umsatz erzielte.

Da blieb für einen Erholungsurlaub keine Zeit.

Dass die Kollegen ihn mochten, ihn sogar nach seinem Rat fragten, machte ihn insgeheim sehr stolz!

*

Zum Abschluss der Geburtstagsfeier im Café – Restaurant Grimminger am 19. November 1984 hoben die Familienangehörigen ihr Glas, prosteten dem rüstigen Jubilar zu und versprachen, sich in nächster Zeit wieder öfter zu sehen.

***

25.

ÖFFENTLICHE DICHTERLESUNGEN

In der Heidelberger Rhein-Neckar-Zeitung wurde ich auf öffentliche Dichterlesungen aufmerksam, mit dem Zusatz: „Gäste willkommen."

Es dauerte einige Zeit, bis ich mich entschied, einmal Gast bei solch einer monatlichen Lesung zu sein.

Als ich im Mai 1985 in einem Nebenzimmer des Restaurants im Heidelberger Hauptbahnhof, in dem die Dichterlesungen stattfinden sollten, ankam, wurde ich vom Leiter des Gesprächskreises freundlich empfangen.

Nach und nach füllte sich der Raum mit Zuhörerinnen und Zuhörern, vor allem der älteren Generation, welche die beiden Poetinnen kannten.

Ich erhielt ein Programm für die Veranstaltung, so konnte ich mir die Namen der Vortragenden einprägen.

Zehn Minuten nach 20.00 Uhr begann die Lesung.

Ganz aufmerksam hörte ich die naturverbundenen Gedichte der beiden Autorinnen.

Eine der Dichterinnen fiel mir besonders auf. Sie lächelte ihr Publikum freundlich an und las mit wahrer Begeisterung ihr schönes Gedicht vor:

„JUNGER MAI

Aufgesteckt die Blütenkerzen
hat sich der Kastanienbaum,
Sehnsucht drängt in meinem Herzen
und ich wandre wie im Traum

über lichterfüllte Fluren
leicht der Fuß, ein Lied im Sinn,
das sich mit den Sonnenuhren
dreht zur goldenen Mitte hin.

Zauberhaft ist doch die Erde
in der schönen Maienzeit,
wenn der Frühling spricht sein Werde
und schenkt ihr ein Blütenkleid.

Aus dem Füllhorn Schöpfergüte
streut er Leben stetig neu.
Freut sich, denn so singt die Liebe
mit ihr auf den jungen Mai."

Begeistert vom Inhalt des Gedichtes „Junger Mai" und angetan von der Dichterin Elisabeth Bernhard-Hornburg, wartete ich geduldig nach der Lesung, bis die Zuhörerinnen und Zuhörer mit der anschließenden Gratulation fertig waren.

Dann ging ich mutig, auf eine Krücke gestützt, aber von innerer Freude beflügelt, an den Tisch der Poetin. Ich bedankte mich herzlich für den schönen Abend und den Vortrag ihrer erbauenden Gedichte.

Frau Bernhard-Hornburgs Augen strahlten bei meinen Worten, wie Sterne am nachtschwarzen Himmel.

Ich fühlte mich in Gegenwart dieser liebenswerten Dichterin gleich sehr vertraut, als ob ich sie schon viele Jahre kennen würde.

Reich beschenkt gingen die Menschen in dieser Maiennacht auseinander.

Die reale Welt vor der Tür des Bahnhof-Restaurants konnte den frohgestimmten Dichterfreunden nichts anhaben, denn sie befanden sich alle auf Wolke sieben.

***

26.

ABSCHIED VON MEINEM LIEBEN VATER UND LEBENSRÜCKBLICK

Endgültige Abschiede sind immer sehr schmerzhaft für die trauernden Hinterbliebenen. Am 08. Juli 1985 starb völlig unerwartet mein lieber Vater.

Fünf ein halb Jahre nach dem Tode unserer geliebten Mutter waren die Eheleute Sophie Maria und Franz Mayer im Tode wieder vereint.

Wir Geschwister hatten nun den Schutz unseres Elternpaares für immer verloren.

Es war ein Abschied ohne Wiederkehr.

Als meine Schwester Anneliese mir telefonisch diese traurige Nachricht vom Tode meines Vaters mitteilte, versagte mir die Stimme. Ich konnte und wollte es nicht glauben, dass unser geliebter Vater tot sei.

Tränen rannen mir die Wangen hinunter.

Ich erinnerte mich an unsere Gebete für ihn, als er nach einer komplizierten Magenoperation tagelang um sein noch junges Leben kämpfte. An die Zeit der schmerzerfüllten Nächte, die unsere gütige Mutter an seinem Bett im Krankenhaus verbracht hatte.

Damals, in den fünfziger Jahren, hatte unser Vater viele Schutzengel gehabt, die gleichen, die ihn auch aus russischer Kriegsgefangenschaft hatten heimkehren lassen.

Auf den wenigen Fotografien, die mein Vater uns nach zehnjähriger Abwesenheit aus dem Kriege mitgebracht hatte, saßen zwei für uns Geschwister „fremde Kinder" auf seinem Schoß. Er trug damals die Uniform eines Feldwebels und lächelte froh.

Jedes Mal, wenn wir Geschwister im Fotoalbum diese Bilder erblickten, waren wir eifersüchtig. Unseren lieben Vater wollten wir mit keinen unbekannten Kindern teilen. Es waren die Kinder einer Zimmerwirtin.

Trotz oft gegensätzlicher Meinungen hielt die Familie in Zeiten der Not eisern zusammen.

Wir Geschwister standen füreinander ein, wenn von außerhalb Klagen kamen.

Gemeinsam freuten wir uns, gemeinsam trugen wir unser Schicksal, das keinen von uns verschonte.

Nach dem Tode unseres lieben Vaters, Franz Mayer, waren wir Geschwister froh, offen über die Vergangenheit sprechen zu können, uns gegenseitig Mut zu machen, um die Zukunft ohne die Eltern leichter zu ertragen.

Solange wir leben, werden unsere geliebten Eltern immer einen Platz in unseren Herzen, in denen ihrer Enkelkinder und des Urenkels haben.

***

27.

ELISABETH

Nachdem ich deiner Lesung im Mai 1985 mit innerer Freude beigewohnt hatte, war meine Enttäuschung groß, als ich dich beim nächsten Treffen im Gesprächskreis des Restaurants im Heidelberger Hauptbahnhof nicht antraf.
Nach der Juni-Veranstaltung fragte ich einen älteren Schriftsteller nach dir. Er sagte: „Frau Bernhard-Hornburg hatte einen Unfall und liegt in der Chirurgischen Universitäts-Klinik in Heidelberg."
Ich bedankte mich für seine Auskunft und verließ die Veranstaltung.
Am nächsten Tag, einem Donnerstag, nahm ich mir eine halbe Stunde vom Dienst frei, kaufte im nahe gelegenen Blumengeschäft einen Strauß rosa Rosen, und brachte ihn dir, liebe Freundin, ans Krankenbett. Deine Freude über meinen Besuch war groß.
Wir unterhielten uns über deine Naturgedichte, das lenkte dich von deinen Schmerzen ab, die du mit achtundsiebzig Jahren erdulden musstest.
Frohgestimmt verabschiedete ich mich von dir, wünschte gute Besserung und lief pflichtbewusst in die Radiologische Universitäts-Klinik zurück, um die fehlende Zeit nachzuholen.
Als ich dich wieder in der Klinik besuchte, gabst du mir die Lyrik-Zeitschrift „das boot" mit.
Zu Hause sollte ich in aller Ruhe darin lesen, mich für neue Gedichte inspirieren lassen, um eventuell diese viermal im Jahr erscheinende Lyrik-Zeitschrift zu abonnieren.
Zunächst wurde ich Mitglied in „das boot" von September 1985 bis März 2006, da die Lyrik-Zeitschrift aus gesundheitlichen

Gründen der Herausgeber ab April 2006 nicht mehr zur Verfügung stand.

Durchschnittlich wurden zwei Gedichte der Autoren jährlich veröffentlicht, die ihre Chancen nutzten. Es war ein gutes Gefühl als Anfängerin mit den bereits Etablierten in „einem Boot" zu sitzen.

*

Ein Jahr verging nach dem anderen.

Sehr früh hast du mir, liebe Elisabeth, das „DU" angeboten.

Die einunddreißig Jahre Altersunterschied zwischen uns haben mich nie gestört.

Unsere gemeinsame Freude an schönen Dingen, der Dichtkunst, der Malerei und der bildenden Künste umgaben uns wie ein unsichtbares Band.

Durch Höhen und Tiefen haben wir unser Poetenschiff gesteuert.

Als Zeichen unserer gegenseitigen Verbundenheit bekamst du von mir zu Weihnachten 1990 das Büchlein „Laß′ mich an deiner Seite gehen" – Porträt einer Freundschaft – .

Diese Überraschung für dich ist mir gut gelungen.

Deine Freude darüber war unbeschreiblich.

„UNSERE FREUNDSCHAFT

Um unsere Freundschaft zu verstehen,
muss man schon etwas tiefer sehen.
Die Oberfläche zeigt nicht her,
warum wir mögen uns so sehr.

> Erst wenn man selbst viel Leid erfahren,
> geduldig trug in all' den Jahren
> mit einem Lächeln im Gesicht,
> erblüht der Freundschaft helles Licht."
>
> aus: „Laß' mich an deiner Seite gehen"
> – Porträt einer Freundschaft –

Bei jedem Besuch in deinem gemütlich eingerichteten Domizil im Pfaffengrund wurden meine Familie und ich von deiner treuen Schäferhündin Susi freudig bellend empfangen.

Ihre braunen Augen fragten uns: „Habt ihr mir etwas mitgebracht?"

Für uns Tierfreunde war das selbstverständlich. Ich erinnere mich gerne an die lauen Sommerabende im Schatten der Bäume in deinem Garten bei guten Gesprächen, beschützt durch Susi, die in aller Ruhe ihren mitgebrachten Fleischknochen verspeiste.

So wuchsen wir als Freundinnen von Jahr zu Jahr mehr zusammen.

In vielen Heidelberger Krankenhäusern habe ich dich besucht, dir Rosen, deine Lieblingsblumen, mitgebracht, Mut zugesprochen und deine handschriftlichen Gedichte auf der Schreibmaschine ins Reine geschrieben.

Ich war so begeistert von deinen Themen in Gedichtform, dass ich dir an einem Wochenende einmal 76 Gedichte abschrieb.

Während sich die Berufstätigen in ihrer Freizeit vom Arbeitsstress in der Natur erholten, half ich dir, liebe Elisabeth, deinem Herzenswunsch nach einem eigenen Buch, ein Stück näher zu kommen.

In dieser Schaffensphase spürte ich keinerlei Schmerzen an meinem durch Poliomyelitis geschädigten Bein. Diese Leistung machte mich stolz und in jenen Augenblicken fühlte ich mich frei wie ein Vogel, ganz ohne orthopädische Hilfsmittel.

***

Elisabeth Bernhard-Hornburg, Ostern 1986

...und ihre Schäferhündin Susi

Rita und Elisabeth, 30.05.1992

28.

Erstlingswerk "Hallo Gipsbein"

Am 15. November 1985 konnte ich die Broschüren mit dem Titel „Hallo Gipsbein" beim Esprint Verlag, Heidelberg mit meinem VW Golf HD-A 4186 an der Rampe des Betriebes abholen.

Ein freundlicher Herr legte mir die Pakete in den Kofferraum des Wagens, da ich mich auf eine Krücke stützend unsicher fortbewegte.

Langsam, wegen des erschwerten Ladegewichtes von 500 Exemplaren „Hallo Gipsbein" fuhr ich mit dem linken Fuß aus der Einfahrt und reihte mich vorschriftsmäßig in den Feierabendverkehr ein.

Ein bescheidener Anfang und ein erster Schritt war mit Hilfe von Artur Pleyer, der die 30 Illustrationen beisteuerte, gemacht. Das Foto von mir mit dem Original-Gipsbein dokumentierte die Echtheit des Geschehens.

Rundum war dieses Unterfangen aus der Schublade zu wachsen, sich den nörgelnden Kritikern und dem Geschmack bereits Etablierter auszusetzen, ein mutiger Anfang auf dem steinigen Wege einer angehenden Schriftstellerin.

Zu Hause angekommen, bat ich meinen hilfsbereiten Mann, mir die Pakete aus dem Kofferraum zu holen.

Freudestrahlend entfernte ich im Arbeitszimmer das Packpapier und legte meinem Förderer ein Exemplar „Hallo Gipsbein" – Erlebnisse in Tagebuchform aus der Sicht einer Erfahrenen – auf den Tisch. Der feste, hellblaue Umschlag mit dem Gipsbein, dem eine Träne aus dem rechten Auge tropfte, sah vielversprechend aus.

Die vierundfünfzig Beiträge mit den dazugehörigen Illustrationen des Krankenpflegers Artur Pleyer, regten zum Nachdenken an, waren aber auch eine praktische Hilfe für die ebenfalls Betroffenen, ihren Mut und ihren Humor nicht zu verlieren.

Eine kleine Kostprobe möchte ich hier vorstellen:

ISOLATION

"Niemand sollte mit den Worten prahlen –
´mir passiert so etwas nicht!´
Teuer muss man dafür zahlen,
wenn man sich die Knochen bricht..."

Erstaunlicherweise kamen die Texte mit den passenden Illustrationen und dem Foto von mir mit dem Original-Gips am rechten Bein bei den Leuten gut an.

Viele Kolleginnen der Radiologischen Universitäts-Klinik Heidelberg waren neugierig auf die Zusammenarbeit des Krankenpflegers und der Arztsekretärin, deshalb erwarben sie ein Exemplar „Hallo Gipsbein".

*

Im Gesprächskreis Heidelberg-Hauptbahnhof überreichte ich Herrn Otto Alfred Griesemann im November 1985 ein Exemplar „Hallo Gipsbein".

Der sympathische Mann, welcher im Jahre 1910 in Weitbruch/Elsaß das Licht der Welt erblickt hatte, drückte mir einen Zehnmarkschein in die Hand. Überrascht wollte ich ihm das Geld zurückgeben, doch er nahm es nicht an.

Dieser kluge Mann war Dozent in der Erwachsenenbildung und Studienleiter der Sokratischen Gesellschaft gewesen.

Nach Einsichtnahme von „Hallo Gipsbein" schrieb er folgende Worte auf seine Kurzvita:

„Frau R. Reutter in freundlicher
Wertschätzung
gez. O. A. Griesemann
23. November 1985"

Diese wenigen Worte der Anerkennung habe ich noch immer in meiner Handtasche, selbst nach dreiundzwanzig Jahren.

Auf den Pfaden einer angehenden Schriftstellerin leuchten diese wenigen Worte wie Sterne in dunkler Nacht.

Obwohl Herr Otto Alfred Griesemann am 14. August 1988 im Alter von 78 Jahren verstorben ist, bleibt er in meinem Herzen unvergessen.

***

29.

SILBERHOCHZEIT

„Fünfundzwanzig Jahre", diese Zeitspanne konnten mein geliebter Mann und ich nicht fassen. Wie schnell doch die Jahre vergangen waren.

Der „Original-Silberhochzeitstag" war der 14. Juli 1986, den wir fünf Tage später, am 19.07.1986 in einem bekannten Rohrbacher Lokal mit gehobenem Ambiente, zusammen mit unseren Familienangehörigen und Freunden feierten.

Stunden zuvor hatte mir mein Friseur die Haare gerichtet und ein passendes Make-up aufgetragen. Beim Blick in den Spiegel war ich mit meiner äußeren Erscheinung zufrieden.

Im Lokal tranken die frohgestimmten Gäste auf unser Wohl und wünschten uns bei bester Gesundheit weitere fünfundzwanzig Jahre.

Unser gemeinsamer Dichterfreund Rudi R. und Lalagul F. aus Afghanistan, den ich im Englisch-Kurs in der Heidelberger Volkshochschule kennen und schätzen gelernt hatte, kamen ins Gespräch. Der gutaussehende, junge Afghane erzählte dem Schriftsteller von seinem Land, von den sinnlosen Kriegen der Besatzungsmächte, von dem Wunsch seiner Landsleute nach Freiheit, ohne Einmischung fremder Staaten.

Um dieses heikle Thema nicht noch weiter zu vertiefen, sprach ich Lalagul spontan an: „Kannst du dich an unseren Ausflug in den Mannheimer Luisenpark erinnern?"

„Ja, an diesem heißen Sommertag haben wir, deine Freundin Margarethe, Tanja, du, liebe Rita und ich, erholsame Stunden im Grünen verbracht. Wir hatten damals viel Spaß bei der Fütterung der Wasservögel", sagte der junge Mann vergnügt.

„Ich erinnere mich noch sehr genau am ersten Eingang Friedensplatz an die farbenfrohen Sommerblumen, an die Begonien,

Fuchsien und Löwenmäulchen, die bei wehenden Fahnen im Sommerwind jedes Besucherherz erfreuten", setzte ich das Gespräch über Mannheims Erholung spendende Parklandschaft fort.

Im Jahre 1892 bis 1903 wurde von den Frankfurter Brüdern Siesmayer der Park angelegt und 1896 nach der Großherzogin Luise von Baden benannt.

Wir mussten unser Gespräch unterbrechen, nachdem die Speisen serviert worden waren:

Duftende Kroketten, Salzkartoffeln, Bandnudeln, Jägerschnitzel mit Pilzen, Kalbsschnitzel, Soucé und Schüsseln mit gemischtem Salat, luden uns zum Essen ein.

Während der Mahlzeit verstummten die Gäste und ließen sich die einzelnen Gerichte gut schmecken. Himbeer-, Schokoladen- und Vanille-Eis mit Früchten rundeten das Mahl ab.

Endlich konnten wir unser unterbrochenes Gespräch über die schönste Parkanlage Europas, bei einem Glas Wein fortsetzen.

„Ich kann mich noch gut an die Wasserbecken mit den bunten Seerosen erinnern", begann ich das Gespräch. Lalagul antwortete: „Mir haben die Seerosen 'Victoria amazonica' und 'Victoria cruciana' mit ihren weißrosa Blüten am besten gefallen."

Nun beteiligte sich auch mein Mann an unserer Unterhaltung.

„Ich fand die über sechs Meter langen Mississippi-Aligatoren und die Brillen-Kaimane im Pflanzenschauhaus des Mannheimer Luisenparks sehenswert."

Imaginär stellte ich mir diese Gattung der Krokodile vor und kam zu dem Ergebnis, dass sie nicht zu meinen Lieblingstieren zählten.

Unsere dreizehnjährige Tochter Tanja war von dem geheimnisumwobenen „Sonnengott II" des Bildhauers Laszlo Szabo aus Ungarn angetan.

Die bunten Blütenstauden zu Füßen des Sonnengottes bildeten einen naturgemäßen Kontrast.

Trotz verschiedener Ansichten über die Pflanzen- und Tierwelt im Luisenpark Mannheim, waren sich die geladenen Gäste einig, dass das Erholen auf der Sonnenterrasse unter den schützenden blauen Schirmen ein schöneres Erlebnis sei, als der kostspieligste Auslandsaufenthalt.

Kurz vor Mitternacht gingen die Gäste frohgemut nach Hause.

Und wir sehen nach weiteren fünfundzwanzig Jahren der „Goldenen Hochzeit" froh entgegen.

***

Silberne Hochzeit von Rita und Otto Reutter
am 14.07.1986, gefeiert am 19.07.
Bild unten: zusammen mit Rudi

30.

LITERATURGRUPPE "VITA POETICA"
– zweites Ehrenamt –

Im Herbst 1986, als stürmische Winde die Blätter von den Bäumen wehten, rief meine Poetenfreundin Elisabeth Bernhard-Hornburg bei mir zu Hause an.

In der Rhein-Neckar-Zeitung Heidelberg hatte sie von der Akademie für Ältere, im Hause der Volkshochschule einen Artikel gelesen, der sie sehr interessierte. Begeistert schlug mir die um einunddreißig Jahre ältere Freundin vor, eine Literaturgruppe zu gründen.

Bei ihrem grenzenlosen Optimismus gab es von meiner Seite die Zustimmung, es zumindest einmal zu versuchen.

Mit dem damaligen ersten Vorsitzenden der Akademie für Ältere, Herrn Dr. h. c. Werner Boll, machte ich einen Termin für ein persönliches Gespräch aus.

Er empfing mich in der Blumenstrasse in Heidelberg, in der damals die Geschäftsstelle ihr Domizil hatte.

Nach wenigen Minuten gab der sympathische Mann die Zusicherung, uns bei einem geeigneten Namen die Chance für die Gründung einer Literaturgruppe einzuräumen.

Freundlich verabschiedete ich mich von dem vielbeschäftigten Herrn und versprach ihm, dass er bald wieder von mir hören würde.

Nun machte ich mit meiner dichterisch sehr begabten Freundin Elisabeth einen Zeitpunkt für ein klärendes Gespräch aus.

Als ich an einem Mittwochabend im Pfaffengrund ankam, wurde ich von Susi, der treuen Schäferhündin, lautstark begrüßt.

Bei einer Tasse Tee, im heimeligen Wohnzimmer eingenommen, suchten wir lange Zeit nach einem geeigneten Namen. Keine leichte Aufgabe in einer Zeit des Überflusses!

Die Zeiger der goldumrandeten Uhr drehten sich weiter und weiter.

„Lass´ uns für heute Schluss machen, es fällt uns doch nichts mehr ein", sagte die Gastgeberin müde.

Da mir aufgrund meines Handicaps das Fortbewegen nicht leicht fiel, gab ich so schnell nicht auf. Und plötzlich hatten wir gleichzeitig eine gute Idee. Der Name „Vita Poetica" war von uns beiden je zur Hälfte gefunden.

Glücklich reichten wir uns an diesem späten Abend die Hände und ich fuhr nach Hause.

Auch Susi war mit der Namensfindung einverstanden.

*

Mit unserem Anfangskapital „Freude schenken", konnten wir die in Heidelberg wohnende, bekannte Autorin Ida Katherina Oechsner, zur Mitarbeit in unserer Literaturgruppe „Vita Poetica" gewinnen.

Für die musikalische Umrahmung der Lesungen wollte meine, inzwischen vierzehnjährige

Tochter Tanja, sorgen.

Herr Dr. h. c. Werner Boll hatte unseren ersten Lesenachmittag auf den 24. November 1986 in der Landhausschule, um 15.00 Uhr, festgelegt.

Nun gab es kein Zurück mehr!

Da wir erst am Anfang unserer ehrenamtlichen Tätigkeit waren, schlug uns das Herz im Raum der Arbeiterwohlfahrt mit den Pfennigtischdecken bis zum Halse.

„Die vier Damen aus drei Generationen", wie Herr Dr. h. c. Werner Boll uns nannte, gaben an diesem ersten Nachmittag ihr Bestes.

Lebensnahe Lyrik und Prosa, sowie klassische Stücke, wie zum Beispiel „Monostatos und Sklaven" aus der Zauberflöte von

Wolfgang Amadeus Mozart und andere, hatten das interessiert zuhörende Publikum überzeugt. Von diesem Zeitpunkt an waren wir monatlich mit Lyrik, Prosa und musikalischer Umrahmung bei der Akademie für Ältere Heidelberg im Programm.

*

Gastleser wurden ab Januar 1987 in die Literaturgruppe „Vita Poetica" eingeladen, welche unser Programm mit Dia-Vorträgen, humoristischen Darbietungen und vielem mehr, bereicherten.

Innerhalb kurzer Zeit kamen Zuhörerinnen und Zuhörer aus Bensheim, Birkenau, Dilsberg, Gaiberg, Hirschberg-Leutershausen, Ludwigshafen/Rhein, Mannheim, Neuwied, Philippsburg, Weinheim, sowie der näheren Heidelberger Umgebung und lauschten einem zweistündigen, interessanten Programm.

Ab Januar 1990 legte Elisabeth Bernhard-Hornburg die Leitung der Literaturgruppe „Vita Poetica" in meine Hände.

Trotz meines Handicaps erfüllte ich diese Aufgabe mit wahrer Begeisterung.

***

31.

MEIN ERSTER GEDICHTBAND „VIELFÄLTIGES LEBEN"

Im April des Jahres 1987 durfte ich mit großer Freude meinen ersten Gedicht- und Aphorismenband „Vielfältiges Leben" in Empfang nehmen.

Der Verlag „Freier Autoren" in Fulda hatte es mir ermöglicht, meine Gedanken in Buchform der Öffentlichkeit zu präsentieren.

Das Warten bis zur Realisierung meines langgehegten Wunsches hatte sich gelohnt.

Viele Freundinnen waren überrascht, als sie meine Gedichte lasen, da sie vorher nichts von meinem Plan der Veröffentlichung gewusst hatten.

Mit großem Einfühlungsvermögen hatte Tanja, damals vierzehn Jahre alt, die Zeichnungen für das Buch angefertigt.

Unser Wagnis war geglückt!

Fortan umrahmte meine begabte Mitarbeiterin in den neuen Büchern die Geschichten, Erzählungen und Gedichte mit ihren aussagekräftigen Illustrationen.

Meine Freude war groß, als eine junge Frau, die Tage zuvor mein Buch „Vielfältiges Leben"

gekauft hatte, mich anrief und fragte: „Darf ich Ihr Gedicht ´Vertrauen´ für meine Hochzeitsanzeigen mit Ihrer Originalunterschrift verwenden?"

Für mich war es eine Freude, dieser Bitte zuzustimmen.

VERTRAUEN

Dir schenk´ ich jeden Tag Vertrauen,
da schützend mich Dein Arm umschließt.
Auf Dich kann ich in Zukunft bauen,
all´ Deine Güte mich umfließt.

Sind stolpernd oft auch meine Schritte,
Du hältst mich fest, Du gibst mir Halt,
durch Dich verlor ich nie die Mitte,
in Deiner Liebe werd´ ich alt!

Dieses Gedicht ist infolge der täglichen Krückenbenutzung und der vielen Stolpersteine im Alltag gewachsen. Es hat auch Menschen ohne Behinderung gefallen und geholfen.

Mit dem Schreiben als Hilfsmittel baute ich mir selbst Brücken, um der Beinbehinderung nicht den ersten Platz in meinem bewegten Leben einzuräumen.

Diese Einstellung musste ich mir täglich neu erkämpfen, da die neuralgischen Schmerzen in den Gelenken von Jahr zu Jahr zunahmen.

Mit Ottos Hilfe konnte und kann ich mein stark bewegungseingeschränktes Leben gut meistern.

Die jahrzehntelange Durchführung meiner Ehrenämter war ein kleiner Dank an meine Mitmenschen, die vom Schicksal nicht so gut behandelt wurden, wie ich.

***

Rita Reutter,
03.09.1988

Rita und Otto Reutter,
03.09.1988

32.

GEBURTSTAGSFEIER
im Ristorante „Italia"

Signore Giovanni Corbari begrüßte uns wie alte Bekannte, als wir am 03. September 1988 sein gut besuchtes Ristorante „Italia" betraten.

Außer zu Tanjas Kommunionfeier am 26.04.1981 waren wir in der Zwischenzeit immer wieder zu Familienfeiern in diesem mediterranen Lokal zusammengekommen.

Heute war ein besonderer Abend, denn ich feierte meinen „fünfzigsten Geburtstag" (29.08.1938) zusammen mit der Familie und den Freunden.

Der plötzliche Wetterumschwung von Sonne auf Regen konnte unserer guten Laune nichts anhaben.

Beim Geschwisterfoto, das Walter von uns machte, lächelten Gerhard, Anneliese, Robert und ich froh an diesem Abend.

Wir waren glücklich, dass wir uns seelisch gegenseitig unterstützen konnten, nachdem unsere Eltern viel zu früh verstorben waren.

Eine zum Glück rasch vorübergehende Melancholie legte sich zentnerschwer auf mein Gemüt, als ich an meine liebe Mutter dachte.

Doch die anwesenden Gäste verlangten meine ungeteilte Aufmerksamkeit. Originelle Geschenke wurden mir überreicht. Zum Beispiel ein Rosenstrauß, in dem fünf Zehn-Mark-Scheine versteckt waren. Dichterfreund Rudi R. überreichte mir sein neues Buch: „Ich fand ein Herz in Heidelberg" mit persönlicher Widmung.

Der charmante Kellner, der uns vor sieben Jahren an Tanjas Kommunionfeier im Ristorante „Italia" umsichtig und freundlich bedient hatte, fragte auch heute die Gäste nach ihren Wünschen. Der Wein wurde in diesem Lokal mit besonderem Ambiente in Krügen serviert.

Ich hob mein Glas und prostete meiner Familie, meinen Geschwistern, meiner Schwägerin Sieglinde, Schwager Walter und allen Freunden mit Chianti classico zu.

Beim näheren Betrachten von einem der Räume des Ristorante „Italia" erblickten wir eine Wandmalerei. Dieses Venedig-Motiv ließ uns Ort und Zeit vergessen.

Tanja träumte schon lange von dieser sehenswerten Lagunenstadt mit ihren reizenden Palazzi, den singenden Gondoliere und den unzähligen Kunstwerken in Museen und Galerien.

Venedig, ein klangvoller Name, der bereits im Jahre 1797 Napoleon anlockte, der im Dogenpalast den letzten Dogen zur Abdankung gezwungen hatte. Damit zerstörte der willensstarke Mann eines der perfektesten Staatswesen Europas.

Auch der Dichterfürst Johann Wolfgang von Goethe ließ es sich 1786 als Siebenunddreißigjähriger, in seinen besten Jahren, in einer Gondel auf dem Canal Grande gut gehen. Die einzigartige Landschaft inspirierte den Dichter zu Neuschöpfungen.

Als das Essen serviert wurde, erwachten wir aus unseren Träumen und fanden rasch in die Realität zurück.

Das vorzüglich zubereitete Menü fand großen Anklang bei meinen Geburtstagsgästen.

Wir erzählten Geschichten aus vergangenen Jahren und viel zu schnell war die Zeit des Abschiednehmens gekommen.

Heute, zwanzig Jahre später, sind liebe Freunde von uns gegangen.

Doch die Erinnerung an den schönen Abend im Ristorante „Italia" am 03. September 1988 bleibt in meinem Herzen unvergessen.

***

v.l.: Robert, Rita, Anneliese und Gerhard,
03.09.1988 im Ristorante „Italia"

33.

ALBERT SCHWEITZER-FREUNDESKREIS HEIDELBERG
− drittes Ehrenamt −

Den Namen Albert Schweitzer, Urwalddoktor in Lambarene, hörte ich im Religionsunterricht 1946 zum ersten Mal.

Für diesen Mann mit den vielen Fähigkeiten und dem großen Herzen für die Armen in Afrika interessierte ich mich brennend.

Am 14. Januar 1875 ist er in Kaysersberg/Elsass geboren worden. Kurze Zeit später zogen seine Eltern mit ihm, seinen drei Schwestern und seinem Bruder nach Günsbach.

Albert Schweitzer hatte von 1880 bis 1884 die Günsbacher Dorfschule, anschließend die Realschule im elsässischen Münster, besucht.

Bereits im Jugendalter gehörte seine große Liebe der Musik.

Als Achtzehnjähriger bestand Albert 1893 die Abiturprüfung im Mulhouser-Gymnasium.

Anschließend studierte er in Straßburg Theologie und Philosophie.

Nebenbei wurde der fleißige Student vom Lehrer Charles Marie Widor in Paris im Orgelspiel unterrichtet.

Sein Wunsch, im Alter von dreißig Jahren einen Beruf im Dienste der Armen auszuüben, wurde von Jahr zu Jahr ausgeprägter.

Zufällig hörte der fast dreißigjährige, dynamische Mann bei der Kongo-Mission in Deutschland vom Personalmangel auf dem Schwarzen Kontinent. Sogleich bewarb er sich dort.

Doch die Verantwortlichen nahmen seine Bewerbung nicht ernst.

Da nahm der ehrgeizige Mann sein Medizinstudium auf und legte im Dezember 1910 sein medizinisches Staatsexamen ab. Im Februar 1912 erfolgte die Approbation.

Die hübsche Berlinerin Helene Breßlau wurde im Jahre 1912 Albert Schweitzers Frau und reiste mit ihm im April 1913 nach Afrika.

Fünf Jahre später kehrte der Urwalddoktor mit seiner Frau Helene aus Lambarene in seine Heimat zurück. Er hielt Vorträge, gab Orgelkonzerte und benötigte viel Geld für sein einmaliges „Dschungel-Hospital" in Lambarene.

Seine Freude war groß, als am 14.01.1919 seine Tochter Rhena geboren wurde, die genau wie er am 14. Januar Geburtstag feierte.

*

Der Heidelberger Albert Schweitzer-Freundeskreis mit dem ersten Vorsitzenden, Willy Zimmermann, suchte im Jahre 1989 eine Schriftführerin und Pressewartin.

Zufällig begegneten wir uns in der Akademie für Ältere und meine Begeisterung für dieses Ehrenamt war zu spüren.

Obwohl ich durch meine Berufstätigkeit als Arztsekretärin in der Radiologischen Universitäts-Klinik und die kontinuierlichen Schwierigkeiten, die eine Beinbehinderung mit sich bringt, voll ausgelastet war, nahm ich die neue Aufgabe als Schriftführerin und Pressewartin gerne an.

Die eingetragenen Mitglieder des Vereins hatten mich, das „Nichtmitglied" überzeugend für dieses Amt gewählt. Die Zeit der Erholung von den Strapazen des Alltags wurde dadurch für mich um einige Stunden kürzer, da ich über alle Aktivitäten des Albert Schweitzer-Freundeskreises berichten musste.

Diese neue Arbeit machte mir viel Freude und innerhalb kurzer Zeit zählte auch ich zu den zahlenden Mitgliedern.

Dr. Albert Schweitzer, 1953

Bei einer Mitgliederversammlung im Hotel „Zum Ritter" beglückte uns der erste Vorsitzende des Albert Schweitzer-Freundeskreises Heidelberg und Träger des Bundesverdienstkreuzes am Bande, Willy Zimmermann, mit einem interessanten Dia-Vortrag

„Das Urwald-Spital gestern und heute".

Wir, die Mitglieder des Albert Schweitzer-Freundeskreises Heidelberg und die zahlreich erschienenen Gäste hatten sich bei unseren Zusammenkünften viel zu erzählen.

Ältere Frauen wussten, dass der Urwalddoktor im Jahre 1953 mit dem Bau einer Siedlung für Leprakranke, ganz in der Nähe des Urwald-Spitals, begonnen hatte, welches schon zwei Jahre später 1955 fertiggestellt worden war.

Ein jüngerer Mann wusste zu berichten, dass Albert Schweitzer rückwirkend für das Jahr 1952, am 04. November 1954, den „Friedensnobelpreis" in Oslo für seine unermüdliche Arbeit im Dienste der Kranken und als Gegner von Kernwaffen zugesprochen bekommen hatte.

Mich selbst faszinierte der Fleiß des Urwalddoktors, seine Liebe, die er den Menschen, Tieren und Pflanzen geschenkt hatte.

Ein Schimpansenpärchen namens „Romeo und Julia" saß oft stundenlang engumschlungen vor der Tür seines Arbeitszimmers in Lambarene. Die beiden warteten auf ein gutes Wort von Albert Schweitzer. Er enttäuschte die Affen nicht.

Selbst ein Pelikan bekam am Abend vom Urwalddoktor selbstgefangene Fische aus dem Ogowestrom.

Am 18. April 1963 feierte der Jubilar mit vielen Freunden und Gästen das „goldene Afrikajubiläum".

An Albert Schweitzers 90. Geburtstag, am 14. Januar 1965, waren die Gratulanten aus der ganzen Welt nach Lambarene gereist, um dem Kämpfer für den Frieden von Herzen zu danken.

Als der bescheidene Mann am 04. September 1965 in Lambarene verstarb, war ein erfülltes Leben zu Ende gegangen. Die Welt war um einen aufrichtigen Menschen, der „Ehrfurcht vor dem Leben" besaß, ärmer geworden.

Nach drei Jahren als Schriftführerin und Pressewartin im Albert Schweitzer-Freundeskreis Heidelberg, musste ich 1991 aus gesundheitlichen Gründen mein drittes Ehrenamt beenden.

Trotz Arbeit hatte mir dieses Ehrenamt viel Freude bereitet, ich hatte nette Menschen kennen lernen dürfen und war sehr dankbar für die Zeichen der Zusammengehörigkeit.

***

34.

WEIHNACHTSLESUNGEN
bei der AWO (1989-1997)

Als wir am 24. Dezember 1989 vor den Türen des Alex-Möller-Hauses aus dem Taxi stiegen und den mit einem Tannenbaum festlich geschmückten Raum betraten, trafen meinen Mann und mich nur wohlwollende Blicke.

Willi Schmitt, der mich für den „Heiligen Abend", zusammen mit meinem Mann zur Weihnachtsfeier und zur Lesung von zwei Gedichten und einer Weihnachtsgeschichte eingeladen hatte, begrüßte uns sehr herzlich und geleitete uns an unsere Plätze.

Ich ließ meine Blicke umherschweifen und sah, dass auf dem Podium zwei sympathische Herren saßen. Sie stellten sich mit Elmar Bringezu und Johannes Vogt vor.

Die beiden Musiker umrahmten den festlichen Nachmittag mit Querflöte und Gitarre.

Der Raum füllte sich mehr und mehr mit Mitgliedern der Arbeiterwohlfahrt, bis alle Plätze belegt waren und die Feier pünktlich beginnen konnte.

Der Kulturdezernent der Stadt Heidelberg, Dr. Jürgen Beß, der von seiner liebenswerten Gattin begleitet wurde, hielt eine Ansprache. Er begrüßte die zahlreich erschienenen Gäste, lobte die Einrichtung, welche den älteren und einsamen Menschen eine Freude zu bereiten versuchte und wünschte einen guten Verlauf der Veranstaltung.

Anschließend sangen wir das beliebte Weihnachtslied: „Leise rieselt der Schnee...".

Mit zwei Krücken in den Händen begab ich mich auf die Bühne, wobei mir Willi Schmitt hilfreich zur Seite stand.

Ein kurzer Blick zu meinem Mann, der mir freundlich zuzwinkerte, genügte, mein Weihnachtsgedicht vor einem Publikum von über hundert weihnachtlich gestimmten Menschen mit innerer Anteilnahme vorzutragen.

Der anschließende kräftige Applaus machte mich insgeheim stolz, wusste ich doch, dass sich meine Mühe, den richtigen Ton zu treffen, gelohnt hatte.

Aus vollem Herzen sangen wir das Lied „O Tannenbaum...", von den beiden Musikern mit Querflöte und Gitarre begleitet.

Bei anschließendem Kaffee und Kuchen konnten wir uns mit den Gästen an unserem mit Tannengrün und Kerzen geschmückten Tisch bekannt machen.

An einem „Heiligen Abend" in den neunziger Jahren lernten wir unseren gemeinsamen Freund Dieter Wehowski und seine liebe Mutter Friedel kennen. Bei ausgiebigen Gesprächen entdeckten wir viele Gemeinsamkeiten. Auch in Dieters Familie war der Bäckerberuf nicht unbekannt. Er erzählte von seiner Kindheit in Heidelberg, von bekannten Plätzen, vom Capitol-Filmtheater, in dem der Stummfilm „Goldrausch" mit Charly Chaplin gezeigt wurde, welcher sich zum Kassenmagnet damals entwickelte.

Das Abschiednehmen an den jeweiligen Abenden von Dieter und seiner Mutter fiel uns von Jahr zu Jahr schwerer, da wir uns zwölf Monate bis zum Wiedersehen gedulden mussten.

Doch zurück zum ersten „Heiligen Abend", am 24. Dezember 1989.

Als sich die Dämmerung vor den Fenstern breit machte, erschien Sankt Nikolaus, der wohl einen weiten Weg hinter sich hatte. Er sah aus wie ein Bischof mit Mitra und Wanderstab, schön gekleidet und er erzählte von vergangenen schweren Zeiten, die wir in den Kriegsjahren 1939-1945 durchleben mussten und es nur durch den Zusammenhalt in der Familie mit Fleiß und Können, wieder zu einem gewissen Wohlstand gebracht hatten.

Nun hatten die Menschen unserer Zeit genug zu essen, aber die seelische Einsamkeit sei groß und Nachbarschaftshilfe gefragt.

Nach seinen guten Worten überreichte der Sankt Nikolaus jedem Besucher eine Weihnachtstüte mit kleinen Geschenken.

Mit großer Umsicht hatte das Ehepaar Stoll die Veranstaltung im Alex-Möller-Haus vorbereitet, sie bedienten ihre Gäste mit Herzlichkeit, während Willi Schmitt mit seiner schönen Stimme und von seiner Gitarre begleitet, die gute Stimmung noch steigerte.

Die Augen der älteren Menschen strahlten, hatten sie doch in ihrem langen Leben viele Entbehrungen auf sich nehmen müssen.

Rita und Otto Reutter, 24.12.1997
im Alex-Möller-Haus, Weihnachts-Lesung bei der AWo

Vor dem Abendbrot, das fleißige Helferinnen und Helfer servierten, war ich wieder an der Reihe, meine Weihnachtsgeschichte vorzulesen.

Da sich die beiden Musiker bereits verabschiedet hatten, saß ich ganz alleine auf der Bühne.

Ich blickte in das Gesicht einer mich anlächelnden Dame und schon war das Lampenfieber vergessen.

Auch dieses Mal bekam ich lang anhaltenden Applaus, ein schöner Lohn für die vorausgegangenen Anstrengungen.

Bevor sich die frohen AW0-Mitglieder voneinander verabschiedeten, sangen sie mein Lieblingsweihnachtslied: „Stille Nacht, heilige Nacht..."

Vor der Tür des Alex-Möller-Hauses warteten die Fahrgäste auf die Taxen.

Nach und nach kamen die Taxifahrer an ihrem Ziel an, um die weihnachtlich eingestimmten Menschen in die verschiedenen Heidelberger Stadtteile zurückzufahren.

In dieser Nacht leuchteten Silbersterne am Firmament und Petrus schloss zufrieden lächelnd seine Himmelspforte.

***

35.

ERBAUENDE BRIEFFREUNDSCHAFT

Ein Brief aus Rostock ist für mich jedes Mal ein kostbares Geschenk.

Meine Freundin Ursula Schelensky, kurz Uschi genannt, schrieb mir im Februar 1992 einen ersten Brief, nach dem sie mein Büchlein „Pünktchen und andere Geschichten" mit großer Freude ihrer Enkelin Nadine vorgelesen hatte.

Die Begeisterung der beiden war aus jeder Zeile des Briefes zu spüren.

Meine Freude über diesen erbauenden Brief war so groß, dass ich mich an meinen Schreibtisch setzte und aus meinem Leben in meiner Geburtsstadt Heidelberg berichtete.

So wuchsen wir in all' den Jahren freundschaftlich zusammen.

Imaginär nahm mich Uschi mit auf Reisen. Wir spazierten in Warnemünde am Ostseestrand entlang, setzten uns, wenn wir müde waren, in ihren Strandkorb, schauten in den blauen Himmel und waren gedanklich über viele Kilometer hinweg miteinander verbunden.

Ich ließ sie per Brief auch an meinen monatlichen Lesungen in der Literaturgruppe „Vita Poetica", Akademie für Ältere in Heidelberg teilhaben.

In all' den Jahren unserer innigen Brieffreundschaft hat sie von mir viele Programme erhalten. Auf diese Weise drückte sie mir an den jeweiligen Dienstag-Nachmittagen von 15.00 bis 17.00 Uhr die Daumen für ein gutes Gelingen der Veranstaltungen.

Dieses wohlwollende Aneinanderdenken, das gegenseitige Freude bereiten, hat mir mein jahrelanges Krückendasein sehr erleichtert. Uschi und ihre liebe Familie lernte durch die vielen schönen Heidelberg-Ansichten meine viel besuchte Heimatstadt Heidelberg kennen und lieben.

Von Rostock bekam ich per Post gepresste Frühlingsgrüße, Rosen und Herbstgrüße.

Viele Fotos von ihrer Heimat kamen in meinem Domizil an und erfreuten mein Herz.

Dafür konnte ich mich mit meinen neuen Veröffentlichungen herzlich bedanken.

Zu unserem fünfzehnten Jahrestag kamen Frühlingsgrüße in Form von gepressten Blumen und eines Fotos mit den Worten:

*„Alle Dinge kommen zu dem,
der zu warten versteht"*

*´ja, Rita, warten wir beide weiterhin
auf den Tag, an dem wir uns gegenüber
stehen. Ich gebe die Hoffnung nicht auf...´*

Das ist auch mein Herzenswunsch, den ich mir trotz durchgemachter Poliomyelitis und deren Spätfolgen, bald erfüllen möchte.

***

Freundin Ursula Schelensky mit Sohn Dirk und Tochter Britt am 21.09.2002

Freundinnen Sigrun, Andrea und Rita am 16.11.2004

36.

REGINA

Unser erstes Telefongespräch vom 18. Februar 1992 ist mir noch in guter Erinnerung geblieben.

Die Schriftstellerin und Dichterkollegin Grete Adam-Jäckel, hatte uns miteinander bekannt gemacht. Nach dem Tode deiner lieben Mutter waren viele Kartons mit interessanten Zeitungsartikeln, sehr sorgfältig in Fotoalben geklebt, zu verschenken.

Da dachte Frau Adam-Jäckel daran, dass ich dir behilflich sein könnte.

Das tat ich dann auch!

In meiner Garage in Heidelberg-Rohrbach stellten wir die Kostbarkeiten unter, welche deine liebe Mutter mit viel Freude und Akribie in den Fotoalben zusammengestellt hatte. Ihre Liebe zur Natur, den Tieren und Menschen kam beim Blättern der Seiten zum Ausdruck.

Mit dieser zeitaufwändigen Beschäftigung hatte sie täglich ihr Wissen erweitern können.

Sie hatte erfahren, dass August Heinrich Hoffmann (von Fallersleben, nach der Geburtsstadt benannt) sein Gedicht "Das Lied der Deutschen" für vier Louisdor an seinen Verleger Campe verkauft hatte. Im Jahre 1922 wurde das Lied deutsche Nationalhymne.

Für die Melodie des Deutschlandliedes wählte der Verleger ein Thema aus Joseph Haydns Kaiserquartett aus. Das war die Geburtsstunde des Deutschlandliedes, welches seit dem 02. Mai 1952 mit dem Text der dritten Strophe zur "Hymne der Bundesrepublik Deutschland" wurde.

Nach vielen Jahrzehnten Vergangenheit dieser, mit viel Liebe zum Detail zusammengestellten Arbeiten deiner tüchtigen Mutter, erfreue ich mich beim Blättern der Seiten in den umgewandelten Fotoalben noch immer an Reproduktionen von August Macke.

Das von ihm 1912 geschaffene Ölbild "Vier Mädchen", welches im Kunstmuseum in Düsseldorf zu bewundern ist, ließ ich minutenlang auf meine Seele wirken!

Ebenfalls unvergessen ist dein Besuch in der "Villa Reitzenstein" Stuttgart, am 05. Oktober 1994, anlässlich der Verleihung der Staufermedaille. Über deine Anwesenheit, zusammen mit deinem Mann, haben wir uns sehr gefreut.

Auch dein Kommen zum zehnten und zwanzigsten Jahrestag in die Literaturgruppe "Vita Poetica", Akademie für Ältere, Heidelberg, erfreute uns sehr.

Anschließend konnten wir uns am 28. November 2006 in der "Bergheimer Mühle", bei Kerzenschein, Kaffee und Kuchen von unseren Zuhörerinnen und Zuhörern mit Wehmut im Herzen voneinander verabschieden.

Nach mehreren Besuchen in deinem schönen Domizil in Hirschberg-Leutershausen, hatten wir dich am 24. Juni 2007 bei hochsommerlichen Temperaturen zu uns nach Leimen eingeladen.

Sally rannte zu deiner Begrüßung laut bellend in den Flur. Mit wahrer Begeisterung tanzte die Pointer-Mischlingshündin um dich herum.

Deine beiden Katzen Kitty und Mirabelle hingegen waren sehr zurückhaltend und ließen sich bei unseren Besuchen nicht blicken.

Endlich kehrte wieder Ruhe ein und wir konnten unser Wiedersehen bei Kaffee und Erdbeerkuchen ausgiebig genießen.

Auf der von roten Heckenrosen umrandeten Terrasse zwitscherten die Vögel und wir führten Gespräche über Politiker vergangener Epochen.

Einer davon war der sympathische Theodor Heuss, der nach der Wahl 1949 in den Bundestag schon vier Wochen später zum ersten Bundespräsidenten Deutschlands gewählt wurde.

Regina Schmitt, Freundin; Mai 2000

Die Menschen nannten ihn wohlwollend "Papa Heuss". Er war 1884 in Brackenheim, Kreis Heilbronn geboren worden. Theodor Heuss besuchte die Schule in Heilbronn, studierte Nationalökonomie in München und war zur Zeit der Monarchie Redakteur in Berlin gewesen.

Mein belesener Mann, der kurze Zeit zuvor einen ausführlichen Zeitungsartikel über das Leben von Theodor Heuss studiert hatte, wusste zu berichten, dass dieser Politiker im Jahre 1943 in Heidelberg im Kehrweg bei seiner Schwägerin M. Lesser-Knapp bis 1945 gewohnt habe. Die Heidelberger Bevölkerung hatte damals große Angst, dass die Menschen ihre Häuser und Wohnungen für die Besatzer bereitstellen müssten. Es ging auch um die gerechte Verteilung der Lebensmittel, sowie das beschwerliche Kochen durch den Ausfall von Gas und Strom.

Oftmals war auch das Wasser knapp, oder es wurde ganz abgestellt.

Theodor Heuss nahm Anteil an den berechtigten Sorgen der Heidelberger Bürger und als der Bundespräsident 1963 in Stuttgart verstarb, wurde die Friedrichsbrücke in Heidelberg in "Theodor- Heuss- Brücke" umbenannt.

Im Februar 2008 sind bereits sechzehn Jahre vergangen, in denen wir von ehemaligen Bekannten zu wahren Freundinnen wurden und hoffen, dass das Schicksal uns weitere schöne Jahre in Gesundheit und Lebensfreude schenken möge.

***

37.

IN FREUNDSCHAFT
– Inge Schütt –

Als ehemalige Geschäftskolleginnen im Jahre 1959 bei der Firma R. Altschüler GmbH in Heidelberg, dürfen wir 2009 das Fest unserer „Goldenen Freundschaft" feiern.

Ich erinnere mich gerne zurück an die Zeit vor neunundvierzig Jahren, als wir noch „Single" waren, wie das Wort heute bei den jungen Leuten heißt.

Beide sehr empfindsame Menschen, erfreuten wir uns in unserer Mittagspause an dem herrlichen Panorama der Stadt Heidelberg.

Freundlich winkten wir den Fahrgästen auf den Ausflugsschiffen zu, die majestätisch auf dem Neckar an uns vorbei fuhren, um in Neckarsteinach, der „Vierburgenstadt" neue Fahrgäste aufzunehmen.

Victor von Scheffel hatte der Stadt Heidelberg mit seinem Lied

„Alt Heidelberg, du feine,
du Stadt an Ehren reich!

Am Neckar und am Rheine
kein and´re kommt dir gleich."

weit über Deutschlands Grenzen hinaus ein melodisches Geschenk hinterlassen.

Auch Dichter wie Joseph Freiherr von Eichendorff, Friedrich Hölderlin, Jean Paul und andere, ließen sich vom Flair der Altstadt, den engen Gassen, mit Blick auf die Schlossruine, zu Gedichten und Geschichten inspirieren.

Bei sommerlichem Wetter saßen wir in unserer Pause gerne auf einer Parkbank, ganz in der Nähe der „Alten Brücke" und führten Gespräche über Komponisten.

Inge Schütt und Ehemann, Kiel 2006
(ehem. Geschäftskollegin und Freundin seit 1959)

Der in Bonn 1770 geborene und in Wien 1827 verstorbene Ludwig van Beethoven, hatte es mir angetan. Während die Menschen ihn als „König der Musik" bezeichneten, ihm zujubelten, ihn vergötterten, hätte der begabte Mann Hilfe benötigt. Durch ein schweres Gehörleiden wurde er völlig taub. Dieses harte Schicksal machte ihn sehr einsam.

Aus dieser Verlassenheit und Ohnmacht heraus, komponierte Ludwig van Beethoven seine unvergessenen Werke.

Da unsere Mittagspause viel zu schnell vorüberging, mussten wir unsere weiteren Gespräche auf einen Kaffee-Nachmittag verlegen.

So vergingen die Jugendjahre!

Bald wurden wir junge Ehefrauen. Du hast deinen Harald geheiratet und einige Jahre später wurden deine Kinder Carsten und Barbara geboren.

Auf mein Wunschkind Tanja musste ich länger warten.

*

Jahrzehnte wohnst du nun schon in Kiel, bekannt durch die „Kieler Woche", die am 21. bis 29. Juni 2007 ihr „125jähriges Bestehen" feierte.

Bei den Regatten traf sich die Weltelite in Kiel und 5.000 Segler nahmen daran teil.

Drei Millionen Besucher durften zehn Tage lang ein Sport- und Sommerfest der Extraklasse erleben.

Open-Air-Konzerte auf vielen Bühnen waren Höhepunkte im Jubiläumsjahr.

Viele Prominente aus den Bereichen Gesellschaftspolitik, Kultur und Wirtschaft nahmen an den Jubiläumsfeierlichkeiten in Kiel teil.

Ein besonderes Highlight war die dritte Verleihung des „Weltwirtschaftlichen Preises" an Helmut Schmidt, den Alt-Bundeskanzler.

Die Fernsehanstalten zeigten Ausschnitte der traditionellen Windjammerparade, ein Spektakel, das von vielen Gästen aus dem In- und Ausland mit Freuden verfolgt wurde.

Liebe Inge, die Arbeit in Seniorenkreisen haben wir auch gemeinsam.

Deine Freude und die deines Mannes Harald war groß, als euch der Vorstand des Kieler TB bei der Jahreshauptversammlung für euere Hilfsbereitschaft und jahrelange Treue am 09.03.2005 die „Goldene Ehrennadel" überreichte.

So sehen wir in bester Gesundheit der Feier unserer „Goldenen Freundschaft" im Jahre 2009 froh entgegen.

***

38.

LICHTBLICK ELSE
1954 – 1957

Ich wusste, dass „Lehrjahre keine Herrenjahre" sind, aber so schwer und zeitaufwändig hatte ich mir als sechzehnjähriges Mädchen diesen Lebensabschnitt nicht vorgestellt.

Dank meiner guten Zeugnisnoten und der Fürsprache meines verehrten Klassenlehrers Rudolf Zwilling bekam ich gleich eine Lehrstelle als Industrie-Kauffrau in Heidelberg, in einer Fabrik für Präzisionsapparate.

Große Überwindung kostete mich das frühe Aufstehen um 5.30 Uhr, um rechtzeitig nach dem Umsteigen von einer Straßenbahn in die nächste und einem weiten Fußweg von der Franz-Knauff-Straße, in die Hebelstrasse zu gelangen.

Trotz dieser für mich großen Belastungen gab es aber auch Glücksmomente, die für mein Selbstwertgefühl sehr wichtig waren. Dazu gehörte meine Arbeit im Büro und das erste selbstverdiente Geld.

Die Produktionspalette der Firma war faszinierend für mich.

Da gab es Mikrotome, Torsionswaagen und Bohrbuchsen. Letztere wurden für die Autoindustrie benötigt. Durch die präzise Arbeit bei der Herstellung einer Torsionswaage konnte man das Gewicht von einem einzigen Haar feststellen. Mikrotome, die in Krankenhauslaboren gebraucht wurden, erbrachten Materialien in Parafin eingebettet, Millimeter genaue Schnitte. Diese Geräte wurden mit dem Stolz der Hersteller in viele europäische, aber auch in außereuropäische Länder exportiert.

Eines Tages lernte ich dich, liebe Else, in der Telefonzentrale dieser renommierten Firma kennen. Dein freundliches Lachen, deine Aufgeschlossenheit für alles Schöne, die guten Gespräche in der Mittagspause gaben mir Kraft, den viel zu hohen Anforderungen, die ein Lehrling in der damaligen Zeit erfüllen musste, gerecht zu werden.

An zwei Wochentagen besuchte ich die Berufsschule, in der junge Kaufleute ausgebildet wurden.

Damals schwärmten die gleichaltrigen Mädchen von ihren Freunden, vom ersten Kuss, vom Tanzen in der Tanzschule Nuzinger, während ich aus gesundheitlichen Gründen große Mühe hatte, mein auferlegtes Schicksal mit Würde zu tragen.

Ein ebenfalls beinbehinderter, etwas eigenbrötlerischer Buchhalter, wollte meine Körperkraft überstrapazieren, in dem ich seine gusseiserne Schreibmaschine vom zweiten Stockwerk in das erste zu einer Mitarbeiterin bringen sollte.

Dieses Problem besprach ich mit einer sympathischen Dame aus der Lohnbuchhaltung. Spontan setzte sich Frau Helm bei unserem Chef für mich ein, so dass ich in der gesamten Ausbildungszeit zur „Industrie-Kauffrau" (nach der heutigen Berufsbezeichnung) nie wieder schwere Gegenstände innerhalb des Bürogebäudes tragen musste.

Für diese richtige Entscheidung war ich den beiden sehr dankbar.

Wir Lehrlinge der Firma R. J. AG, Fabrik für Präzisionsapparate, mussten auch die Unterschriftenmappen mit wichtigen Briefen der Frau des Chefs bringen, damit ihr an Gelbsucht erkrankter Mann dieselben unterschreiben konnte.

Bei einem zufälligen Blickkontakt mit dem Kranken sah ich in sein von der Gelbsucht gezeichnetes Gesicht. Dieser, sonst so strenge Chef tat mir ganz plötzlich in der Seele leid.

Ich war heilfroh, draußen auf der Straße die frische Luft einzuatmen und dankbar, dass mich nur eine Beinbehinderung beim Fortbewegen quälte.

*

Else und Rita, 24.01.2004

Nach meiner absolvierten Lehre verabschiedete ich mich sehr herzlich von dir, liebe Else, um mein Glück in einem Steuerberatungsbüro zu suchen.

All' die vergangenen Jahre blieben wir in Kontakt. Wir schrieben uns Weihnachtskarten, telefonierten miteinander und besuchten uns gegenseitig.

Da wurden die alten Zeiten mit ihren positiven und negativen Ereignissen wieder greifbar nahe.

Endlich konnte ich dir, liebe Else etwas an Menschlichkeit zurückgeben, die ich in meinen drei Lehrjahren von dir empfangen durfte.

Aus dem ehemaligen schüchternen Lehrling Rita Mayer wurde eine Frau, die sich für ihre Mitmenschen im Alltag mit 43 Jahren Ehrenamt einsetzte und immer noch einsetzt.

Freundschaften wie unsere, liebe Else, sind selbst nach vierundfünfzig Jahren mit Licht erfüllt.

***

39.

PHYSIOTHERAPEUTIN UND FREUNDIN
Irm Boehner

Im Jahre 1985 begegneten wir uns in deiner Praxis in Heidelberg-Rohrbach zum ersten Mal in unserem Leben.

Deine sensible Art mit körperbehinderten Patienten umzugehen, imponiert mir sehr.

Dazu kommt deine Freundlichkeit, das Zuhören, deine große Geduld bei älteren Menschen, wenn sie Probleme mit den Verordnungen ihres Hausarztes haben.

Wenn Frau Boehner den Raum betrat, leuchteten selbst die Augen der zuvor mürrischsten Patienten.

Während meiner krankengymnastischen Behandlung durch dich, liebe Irm, unterhielten wir uns auch über „Pjotr" und „Mirek", die beiden schwerstbehinderten Jungen aus Polen.

Um ihre orthopädischen Maßnahmen, die je nach ihrem Wachstum verändernd nötig sind zu unterstützen, hast du, liebe Freundin, mir meine Bücher abgekauft. Dafür bin ich dir von Herzen dankbar.

*

Unsere 23-jährigen Begegnungen, die uns in fast einem viertel Jahrhundert, nach kurzer Zeit Freundinnen werden ließen, sind stets interessant.

Gerne höre ich dir zu, wenn du von deinem Urlaubsort, der Antilleninsel Tobago, der Schwesterninsel von Trinidad, erzähltst.

Imaginär kann ich mir vorstellen, wie du deine Tage auf dieser karibischen Trauminsel verbringst.

Da gibt es die „Sugarbirds", Vögel, die sich an den Zuckerdosen der Hotelgäste auf dem Frühstückstisch zu schaffen machen, oder halbwilde Hühner, die nachts auf Bäumen schlafen.

Irm Boehner, 1990
Physiotherapeutin und Freundin seit 1985

Unvergessen bleibt die gemütliche Teestunde in deinem einladenden Zuhause, als ich das erste Mal „Casava-Pone", eine Maniok-Schnitte, probieren durfte.

Bei grünem Tee, gedämpfter Musik im Hintergrund und „Khurma", einem Ingwergebäck läßt es sich gut leben.

Mit geschlossenen Augen konnte ich mir die Inselbewohner von Tobago vorstellen. Ihre wohltuende Freundlichkeit Fremden gegenüber, geradezu spüren.

Liebe Irm, du hast mir mit dem Erzählen der Geschichten aus Tobago, den Sitten und Gebräuchen der Insulaner, viel Freude bereitet.

Im Traum hatte ich keine Beinprobleme, sondern tanzte bei einem Ausflug nach Trinidad, der Hauptinsel, auf der ungefähr 1,2 Millionen Einwohner leben, frohgelaunt Limbo und Calypso.

So konnte ich für Stunden meine lebenslange Beinbehinderung mit den dazu gehörenden, immer stärker werdenden Gelenkschmerzen, vergessen.

***

40.

VERLEIHUNG DER STAUFERMEDAILLE
05. Oktober 1994

Ein angenehm milder Herbsttag bei strahlender Sonne empfing uns, als wir um halb elf in Stuttgart aus Evas Wagen stiegen.

Einmal musste meine Freundin die Fahrtrichtung ändern, sie kam aber rechtzeitig an der vereinbarten Stelle an, die uns Frau Ulrike Suppes genannt hatte.

Die Schranke im Hof des Staatsministeriums, welche die Auffahrt zur „Villa Reitzenstein" abschirmte, war geschlossen.

In einem überdachten Wartehäuschen winkte uns ein freundlich dreinblickender Beamter herbei. Nachdem wir unsere Namen nannten, er mich mit zwei Krücken in der Hand erblickte, gab er uns die Erlaubnis, bis vor die Tür des Staatsministeriums, auf den dort reservierten Parkplatz zu fahren.

Wir bedankten uns bei dem netten Herrn, stiegen in den Wagen ein, Eva gab Gas und wie von Geisterhand öffnete sich die Schranke.

Staunend betrachteten wir den um die „Villa Reitzenstein" angelegten Park, mit seinen uralten, schattenspendenden Bäumen.

Die Räume des Amtssitzes mit seinen hohen Fenstern, den Orientteppichen und dazu passenden Lampen in den Nischen, strahlten einen besonderen Reiz aus.

Inzwischen waren die geladenen Gäste im Empfangszimmer, mit dem imposanten Kronleuchter an der Decke und dem riesengroßen Teppich in der Mitte, eingetroffen.

Die erste Vorsitzende des Freien Deutschen Autorenverbandes, Landesverband Baden-Württemberg, Frau Anne Maier-Schäfer, die Ehrenvorsitzende Frau Elisabeth Schreiber, Frau Ulrike Suppes, die stellvertretende Vorsitzende des FDA, sowie Frau

Dr. M. Hoff vom Kulturamt Heidelberg (in Vertretung von Frau Oberbürgermeisterin Beate Weber).

Staatssekretär Herr Dr. Lorenz Menz, hielt in Vertretung des Ministerpräsidenten Dr. Erwin Teufel, die Laudatio auf meine vielseitigen Aktivitäten. Dann überreichte er mir freundlich lächelnd ein Kästchen, in dem auf blauem Samt eine Silbermedaille lag.

Dankbar nahm ich diese beglückende Auszeichnung entgegen.

Beim anschließenden Überreichen eines prächtigen Blumenstraußes hätte ich für meine Dankesrede, die ich nach ausgiebigen Recherchen verfasst hatte, keine Hand mehr frei gehabt.

Dr. Lorenz Menz erkannte die Situation, nahm mir das Bukett wieder ab und legte es auf einen Beistelltisch in der Nähe.

Da ich, infolge meiner Beinbehinderung, als Einzige einen gepolsterten Stuhl zum Sitzen bekam, war der anschließende Empfang nach meiner, mit viel Applaus bedachten Dankesrede, im Stehen für die älteren geladenen Gäste eine Herausforderung. Zwanglos prosteten sich die anwesenden Freunde mit Sekt und Orangensaft zu. Eine charmante junge Dame des Staatsministeriums servierte uns einen Imbiss.

Beim Betrachten der Staufermedaille und guten Gesprächen war die Feierstunde in der „Villa Reitzenstein" im Zusammensein mit meinen Freundinnen Eva, Beate, Regina mit Ehemann, sowie der ehemaligen Klassenkameradin Brigitte Simon mit ihrem Mann, viel zu schnell vorüber gegangen.

*

Rita Reutter bedankt sich bei Dr. Lorenz Menz
für die
Staufermedaille am 05.10.1994
in der Villa Reitzenstein, Stuttgart

Drei Wochen später, am 25. Oktober 1994, übergab mir der Schriftsteller und Humorist Karl Klaus aus Eppelheim ein eingerahmtes Schreiben mit folgendem Inhalt:

"Liebe Freunde der Vita Poetica!

Sie sehen mich heute festlich, denn ich habe Ihnen Freudiges zu verkünden.

Einige von Ihnen wissen es bereits, dass die Mitbegründerin und Leiterin unserer Literaturgruppe Vita Poetica, Rita Reutter, am 05.10.1994 in der 'Villa Reitzenstein', Stuttgart, mit der Staufermedaille des Landes Baden-Württemberg ausgezeichnet wurde. Die Staufermedaille ist eine sehr seltene Auszeichnung, sie gibt es jährlich nur in wenigen Exemplaren und erinnert an die Stauferkaiser, die von Mitte des 13. Jahrhunderts regiert haben. Deren Wappenlöwen finden sich noch in unserem aktuellen Staatsemblem; Friedrich Barbarossa und Friedrich II. sind die herausragenden Figuren dieser großen Dynastie; die Kaiserpfalzen von Trifels und Wimpfen sind die uns nächstliegenden Zeitzeugen.

Sie wissen, meine Damen und Herren, Orden und Ehrenzeichen kann man verdienen.
Rita Reutter hat die Staufermedaille, wie in der Verleihungslaudatio erwähnt wurde, gleich mehrfach verdient.

Die Heidelberger Autorin hat trotz ihrer Beinbehinderung Arbeit und Familie bewältigt, sie findet noch Zeit, alte Menschen in Heimen zu besuchen, um ihnen das Gefühl der Einsamkeit zu nehmen, menschliche Liebe und Zuwendung zu geben. Außerdem ist sie literarisch tätig, was in vielfältigen, immer von Liebe zur

Schöpfung geprägten Formen reichen Niederschlag gefunden hat.

Eine dieser dankenswerten Formen ist die Literaturgruppe Vita Poetica, deren Existenz ohne Rita Reutters außerordentliche Tatkraft kaum vorstellbar wäre.

Wir danken dem Verleihungskomitee, dass es die richtige Wahl getroffen hat.

Ihnen, liebe Rita, gilt unsere ehrliche Gratulation, verbunden mit dem Wunsch, dass Sie noch viel Anerkennung finden mögen."

25. Oktober 1994gez. Karl Klaus

***

41.

EIN MANN DER GUTEN TATEN
Richard Kosowski

Der Journalist Richard Kosowski ist ein Pionier, der auf dem Gebiet „liebet eueren Nächsten, wie euch selbst", gute Taten vollbracht hat.

Von seinem ehemaligen Arbeitgeber, dem Verlag „Medical Tribune", bekam er 1992 den Auftrag, seine Aktivitäten im Osten auszuweiten.

Das tat er mit Erfolg in Polen, bis Anfang 1994 die polnische Ausgabe der „Medical Tribune" eingestellt wurde, obwohl keine finanziellen Verluste zu verzeichnen waren.

Als verantwortlicher Redakteur hatte Richard Kosowski zwei Jahre lang diese Aufgabe, neben seinem normalen Tagesablauf, mit großem Engagement gemeistert.

Eines Tages erhielt er einen Brief, den eine Lehrerin aus Dabrowa Tarnowska an die polnische Ausgabe der „Medical Tribune" gesandt hatte. Sie erkundigte sich nach Therapiemöglichkeiten und bat um Hilfe für ein Baby, das am 01.06.1993 ohne Arme und Beine geboren worden war.

Richard Kosowski schritt sofort zur Tat, schrieb einen Artikel für die „Medical Tribune" fragte Ärzte nach ihren bisherigen Erfahrungen und richtete dank der großen Hilfsbereitschaft der schockierten Menschen, ein Spendenkonto beim Arbeiter-Samariter-Bund ein. Nach wenigen Monaten betrug der Kontostand über 30.000 DM.

Somit war es möglich, das schwerstbehinderte Kind mit seinen Familienangehörigen nach Deutschland zu holen.

Im Jahre 1996 erhielt es in der Orthopädischen Universitätsklinik Heidelberg einen „Swivel-Walker" zum Fortbewegen, Jahre später kam der „Elektro-Rollstuhl" für weitere Strecken hinzu.

Herr Richard Kosowski schrieb am 02.08.2007:

„*Zu diesem Zeitpunkt habe ich Frau Rita Reutter kennen gelernt. Von Anfang an war sie mit allen ihr zur Verfügung stehenden Kräften dabei. Spontan hat sie aus dem Erlös ihrer verkauften Bücher seit Januar 1996 den kleinen 'Pjotr Radon' unterstützt. Im Jahre 1999 als das Schicksal des ähnlich betroffenen 'Mirek Nadobnik' bekannt wurde, hat Frau Reutter auch ihm regelmäßig Spenden für orthopädische Maßnahmen zukommen lassen.*
Frau Reutter hat trotz ihrer eigenen Beinbehinderung ihren eisernen Willen gezeigt und viel geleistet. Dafür ein Dankeschön, auch im Namen der beiden Jungen, denen sie geholfen hat."

Die Spendenaktion für die beiden Jungen „Pjotr" und „Mirek" ist nicht abgeschlossen, so gut es mir möglich ist, unterstütze ich die Jungen durch den Verkauf meiner Bücher.
In unserer oft inhumanen Gesellschaft müsste es mehr Menschen wie den Journalisten Richard Kosowski, geben.
Das wünsche ich mir für die Zukunft der beiden schwerstbehinderten Jungen „Pjotr" und „Mirek", dann würden sie in den kommenden Jahren keine finanziellen Sorgen quälen.
Jedem Spender und jeder Spenderin, die nicht genannt werden wollen, welche im Hintergrund das Leben der beiden tapferen Jungen durch ihre Unterstützung aber wesentlich erleichterten, sei von Herzen für ihre echte Nächstenliebe gedankt.

***

Richard Kosowski, Journalist, 2007

42.

ZEHNTER JAHRESTAG
der Literaturgruppe „Vita Poetica"
26. November 1996

Am 26. November 1996 feierten wir in unserer Literaturgruppe „Vita Poetica" den zehnten Jahrestag.

Zehnmal durften wir zusammen einen farbenfrohen Frühling, heiße Sommertage, bunte Herbstmonate und einen weiß verschneiten, manchmal eisigen Winter erleben.

Im Saal E 06, in der Akademie für Ältere in Heidelberg, versammelten sich die Gäste aus nah und fern, um an der 120. Lesung mit Musikumrahmung teilzunehmen.

Ehrengäste, wie die ehemalige Familienministerin des Landes Baden-Württemberg, Frau Brigitte Unger-Soyka, der Kulturdezernent der Stadt Heidelberg, Dr. Jürgen Beß, sowie die erste Vorsitzende des Freien Deutschen Autorenverbandes, Landesverband Baden-Württemberg, Frau Anne Maier-Schäfer, wurden herzlich willkommen geheißen.

Von über achtzig geladenen Zuhörerinnen und Zuhörern waren ungefähr fünfundsechzig frohgestimmte Gäste von weit her zum zehnjährigen Jubiläum gekommen.

Nach den Grußworten der Ehrengäste spielten die drei Damen Ursula Berger, Christina Schneider und Silke Vogler das klassische Stück „Vivace und Pastorale" von A. Corelli (1653-1713) auf ihren Querflöten.

Nach dem wohlverdienten, lang anhaltenden Applaus, las ich in Vertretung der Mitbegründerin und Freundin Elisabeth Bernhard-Hornburg „Die Heilkraft im Wort".

Zehnter Jahrestag der Literaturgruppe
„Vita Poetica" am 26.11.1996
v.l.: Werner Jacobsen, Dorothea Wittek, Rita Reutter,
Karl Klaus und Eva Abramowski

Nach diesen aufbauenden Gedanken stellte uns die freie Autorin, Künstlerin und Malerin Eva Abramowski ihre „Wort im Bild" – Reihe vor. Die aussagekräftigen, der Jahreszeit abgelauschten Gedichte wurden mit viel Beifall belohnt.

Die Dichterin Dorothea Wittek las: „Die Jahre gehen hin...", eine Betrachtung über die beiden Gründerinnen der Literaturgruppe „Vita Poetica" Elisabeth Bernhard-Hornburg und Rita Reutter.

Mit ihren anschließend vorgetragenen Haiku sprach die Autorin ältere Menschen an, die Trost in ihren Worten finden konnten.

Danach spielte der Student Oliver Fink auf dem Klavier einen „Walzer Nr. 1, op. 39" von Johannes Brahms. Als die letzten Töne verklungen waren und der Applaus verhallte, las der Humorist und Schriftsteller Karl Klaus aus seinen Gedichte-Zyklus „Herr X und andere x-beliebigen Zeitgenossen" vor.

Der Autor verstand es, selbst die tragischen Seiten des Alltags mit einem lachenden Auge zu betrachten.

Nach diesem Ohrenschmaus las ich Gedichte des Lyrikers Knut Ismer aus Braunschweig – wie schon viele Jahre zuvor - , die ebenfalls mit viel Applaus bedacht wurden.

Als gebürtige Heidelbergerin hatte ich mir ein Thema „Liebe zu Heidelberg meiner Heimatstadt" ausgewählt. Auch ich bekam, wie die Vorredner, kräftigen Applaus.

Als letzter im Bunde las der Autor Werner Jacobsen, den II. Teil und den Schluss von „Mukuawe", eine Fortsetzungsgeschichte, die heute ihr Ende fand. Auch er bekam viel Applaus.

Nun kamen die drei Damen an die Reihe. Mit der Querflöte spielten sie „Rondo aus Trio G-Dur" von Ludwig van Beethoven (1770-1827).

Nach meinem Nachwort in dem ich mich bei allen Mitwirkenden für die gelungene Jubiläumsfeier herzlich bedankte, klang der zehnte Jahrestag der Literaturgruppe „Vita Poetica" harmonisch aus.

Zwei Tage später stand in der Rhein-Neckar-Zeitung Nr. 276, Seite 5 vom 28.11.1996 unter anderem:

„Die Mitstreiter hoffen, dass Rita Reutter, der 'Motor' der Poetengruppe und Programmgestalterin an diesem Abend die 'Vita Poetica' auch durch die nächste Dekade führen wird.

Damit in dieser schnelllebigen Zeit diese Gruppe weiterhin eine 'Insel zum Atemholen' (Werner Jacobsen) sein kann."

***

Rita Reutter und Dorothea Wittek
Feier zum 9. Jahrestag der Lit.-Gruppe „Vita Poetica"
in der Bergheimer Mühle, 28.11.1995

Rita Reutter, 26.11.1996
10. Jahrestag der Lit.-Gruppe
„Vita Poetica".

43.

ARZTSEKRETÄRIN MIT LEIB UND SEELE
Januar 1971 – Oktober 2001

Als ich Anfang Januar 1971 in die Radiologische Universitätsklinik Heidelberg, Abteilung Röntgendiagnostik kam, begann für mich eine lehrreiche Zeit.

Täglich hatte ich ein Pensum an lateinischen Wörtern im medizinischen Bereich zu lernen.

Professor Dr. Werner Wenz, der mich eingestellt hatte, war mit meiner Leistung sehr zufrieden. Er diktierte mir wissenschaftliche Arbeiten, mit klassischer Musik im Hintergrund, auf Kassetten. Die Chefsekretärin, eine Dame ohne Familie, war eifersüchtig auf mich, da sie die Bänder ihres hoch verehrten Chefs selbst schreiben wollte.

Wo sie nur konnte, schikanierte sie mich und war sich ihres Sieges sicher, dass ich den Kampf verlieren würde. Da hatte sie sich gründlich getäuscht.

Eisern lernte ich die Vokabeln, studierte stundenlang schwierige Passagen im Klinischen Wörterbuch Pschyrembel und wurde nach wie vor von Professor Dr. Werner Wenz mit wissenschaftlichen Arbeiten zum Schreiben bedacht.

In diesem langen Zeitabschnitt von fast einunddreißig Jahren meines Wirkens habe ich für drei Professoren, viele Oberärzte und noch mehr Fachärzte mit Leib und Seele geschrieben.

Bereits nach sechs Arbeitsjahren wurde ich im Jahre 1977 für einen Monat von meinen normalen Tagesarbeiten befreit, um die Habilitationsreinschrift für den heutigen Professor Dr. Jürgen Schröder anzufertigen. Achtzig Prozent der Literaturangaben waren in englischer Sprache. Hier kamen mir meine harten Lehrjahre von 1954 – 1957 zugute.

Neben den konventionellen Röntgenmethoden kamen in den achtziger Jahren neue Diagnoseverfahren wie Ultraschall und etwas später die Computer-Tomographie in unserer Radiologischen Abteilung den Patienten zugute.

Und wieder musste das medizinische Vokabularium auf den aktuellsten Stand gebracht werden. So blieb die Arbeit immer interessant.

Viele Kolleginnen arbeiteten vier Jahre in unserer Radiologischen Abteilung, kündigten dann ihren Job, um in der freien Wirtschaft finanziell mehr zu verdienen.

Für meine Person wäre der ständige Wechsel keine Lösung gewesen. So blieb ich über drei Jahrzehnte der Radiologischen Universitätsklinik treu.

Mein „25jähriges Jubiläum" als Arztsekretärin feierte ich im Januar 1996.

In der Heidelberger Rhein-Neckar-Zeitung Nr. 20, Seite 31, vom 25. Januar 1996 war zu lesen:

„Die bekannte Heidelberger Autorin Rita Reutter, Mitbegründerin und Leiterin der Lit.-Gruppe ´Vita Poetica´ feierte in diesem Monat ihr ´25-jähriges Jubiläum´ als Arztsekretärin in der Radiologischen Universitätsklinik, Abteilung Radiodiagnostik, Heidelberg.

Herzlich gratulieren: Die Familie,
die Kolleginnen, alle Freunde,
GastleserInnen und ZuhörerInnen
der Literaturgruppe ´Vita Poetica´,
Akademie für Ältere, Heidelberg (im Hause der VHS)."

Da linksseitig auch ein Foto von mir in der RNZ erschienen war, sprachen mich noch Monate nach Veröffentlichung der Anzeige viele Menschen darauf an.

*

Arztsekretärin Rita Reutter an ihrem Arbeitsplatz in der Radiologischen Univ.-Klinik, Heidelberg, 02.10.1998

Auch von meinem zweiten Professor Dr. Paul Gerhardt, wurde ich oft zum Schreiben von wissenschaftlichen Arbeiten herangezogen.

Zum Handwerkszeug einer versierten Arztsekretärin gehörte das Klinische Wörterbuch „Pschyrembel" vom Verlag Walter de Gruyter & Co., Berlin.

Im Handumdrehen hatte ich zusammengesetzte Wörter wie zum Beispiel

„Pseudohyperparathyreoidismus"

nachgeschlagen, ein Mal wiederholt und im eigenen Computer (Kopf) gespeichert.

Auf diese Art und Weise machte die Arbeit Spaß, auch dann, wenn ich nachts nur fünf Stunden geschlafen hatte.

Fünfzehn Jahre lang begann meine Arbeitszeit in der Radiologischen Universitätsklinik um sechs Uhr früh, so dass ich täglich um 4.45 Uhr aufgestanden bin.

Diese frühe Stunde hatte den Vorteil, dass auf dem Parkplatz des Klinikums noch ausreichend Parkplätze vorhanden waren.

Dort habe ich im Auto auf dem Lenkrad unzählige Gedichte geschrieben.

Einige Arbeitskollegen, die ebenfalls schon früh am Morgen arbeiteten, hatten sich gewundert, dass ich oftmals nicht gleich aus meinem VW-Golf HD-A 4186 ausgestiegen bin.

So vergingen die Jahre mit Arbeit und Festtagen im Kreise der Familie.

Im September 2001 verabschiedete ich mich mit einem Fest, das die Angestellten und Fachärzte der Radiologischen Universitätsklinik Heidelberg niemals vergessen werden.

Tanja besorgte Getränke (Wasser, Sekt, Wein und Säfte), ich selbst bestellte beim Bäcker Apfelkuchen, Butterbrezeln, Salzstangen und mehrere Baguettes, die Tanja als Canapés mit Schinken, Lachs und Käse belegt, den geladenen Gästen anbot.

Die Kolleginnen und Kollegen machten mir zum Abschied ein Geldgeschenk, da sie von meinen Aktivitäten, die orthopädischen Maßnahmen der beiden schwerstbehinderten Jungen „Pjotr" und „Mirek" zu unterstützen, wussten.

Ende Oktober 2001 war der endgültige Abschied nach fast 31 Arbeitsjahren gekommen.

Wehmut machte sich in meinem Inneren breit. Doch auch Freude durchzog mein Herz, da ich nun morgens länger schlafen konnte und mehr Zeit zum Schreiben hatte.

So verabschiedete ich mich von meinen Arbeitskolleginnen und von Herrn Professor Dr. G. Kauffmann mit einem weinenden und einem lachenden Auge.

***

44.

ZWEITE FEMURFRAKTUR

Am Martinstag, 11. November 1998 stürzte ich in meiner Wohnung in der Markgräfler Straße 1 so unglücklich auf mein rechtes Bein, dass ich mir den zweiten Oberschenkelbruch zuzog.

Die Krücken, die ich vor dem verhängnisvollen Sturz als Stütze benötigte, lagen am Boden. Meine Brille, die mir beim Sturz von der Nase gefallen war, lag zum Glück unbeschädigt in meiner Nähe. Mit großer Anstrengung schaffte ich es in sitzender Position, die Brille vom Boden aufzuheben.

Ein Blick auf die Armbanduhr zeigte mir die Uhrzeit: 16.53.

Zum Glück kam Otto heute etwas früher nach Hause, so dass ich nicht stundenlang mit großen Schmerzen auf dem Boden sitzen musste.

Viele ernste Gedanken galten in erster Linie meiner Arbeit in der Radiologischen Universitätsklinik Heidelberg, sowie der Arbeit in unserer Literaturgruppe „Vita Poetica".

Der zwölfte Jahrestag stand vor der Tür und somit die 144. Lesung am 24. November 1998.

Auch hier hatte ich glücklicherweise das Programm für den Jahrestag schon geschrieben, an die Gastleserin und viele „Vita Poetica-Freunde" verschickt.

Jetzt benötigte ich dringend die Hilfe eines Arztes und den Beistand meiner Familie und Freunde.

Wie ich so alleine mit einem Oberschenkelbruch und immer stärker werdenden Schmerzen am Boden saß, fiel mir das Schutzengelbild aus meiner Kindheit wieder ein.

Imaginär spürte ich, wie der Engel seine Flügel schützend über mein rechtes Bein breitete, um die Schmerzen zu minimieren.

Wie aus der Ferne hörte ich Schritte.

Otto schloss die Wohnungstüre auf und sah mich auf dem Teppichboden sitzen. Als er in mein schmerzverzerrtes Gesicht blickte, wusste er Bescheid. Ganz vorsichtig hob er mich vom Boden auf und setzte mich auf einen Stuhl. Mit gebrochenem Oberschenkel zu laufen wäre unmöglich gewesen.

Hier konnten nur noch Ärzte vom Deutschen Roten Kreuz helfen.

Ich wählte die bekannte Rufnummer 19222, erzählte von meinem Sturz auf das rechte Bein und meiner Vermutung eines Oberschenkelbruches, wie bereits am 07.02.1984, vor mehr als vierzehn Jahren.

Eine viertel Stunde später kamen die „rettenden Engel" vom Deutschen Roten Kreuz.

Das Hochbringen von unserer Souterrainwohnung in das vor der Haustüre geparkte Fahrzeug war äußerst schwierig und sehr schmerzhaft für mich.

Von meinen Schmerzensschreien begleitet schafften es zwei berufserfahrene, sehr sympathische Männer vom Roten Kreuz, mich sicher in den Wagen zu bringen. Dort bekam ich intravenös eine hohe Dosis Schmerzmittel verabreicht.

Wie durch ein Wunder waren die Schmerzen verschwunden, doch meine Sprache war ungefähr zehn lange Minuten weg. Soviel ich mich auch bemühte Sätze zu bilden, mich mit den Männern vom Roten Kreuz zu verständigen, kam höchstens ein Lallen aus meinem Munde.

Wegen dieser sprachlichen Veränderungen schwieg ich betroffen.

Zum Glück erlangte ich meine Sprache bald wieder.

Der Arzt und die Männer vom Roten Kreuz freuten sich mit mir.

Im Krankenhaus wurde ich gleich klinisch versorgt, das rechte Bein geröntgt und die Femurfraktur bestätigt. Dann bekam ich von oben bis unten einen Gipsverband angelegt, nur die Zehen schauten noch heraus.

Nach vierwöchigem Krankenhausaufenthalt wurde ich Mitte Dezember 1998 entlassen.

Und wieder fuhren mich die Männer vom Roten Kreuz nach Hause.

Dankbar wieder in meiner gewohnten Umgebung zu sein, fand ich mit Disziplin und Geduld von Tag zu Tag mehr in mein normales Berufs- und Privatleben zurück.

***

45.

AUSZUG AUS DEM BRIEF
von Professor Dr. Hans-Georg Gadamer

Verwundert hielt ich das Kuvert mit dem Absender von Professor Dr. Hans-Georg Gadamer, Philosophisches Seminar der Universität Heidelberg in meiner Hand.

Das Unerwartete war geschehen! Er hatte auf meinen Geburtstagsbrief geantwortet.

Eine Woche nach seinem 100. Geburtstag gratulierte ich einem unserer bedeutendsten Philosophen Professor Dr. Hans-Georg Gadamer und legte ihm für seinen Urenkel mein Buch

„Hermann, der kleine Bär"
– Geschichten über Heidelberg –

in erster Auflage bei. Diese Verspätung der Gratulation war beabsichtigt, um die Glückwünsche in der Menge der Geburtstagspost nicht untergehen zu lassen.

Sein Brief vom 03.04.2000 überraschte mich sehr.

Über seinen beruflichen Werdegang hatte ich viel gelesen. Er war am 11. Februar 1900 in Marburg an der Lahn geboren worden. Als Achtzehnjähriger studierte er in Breslau Geisteswissenschaften, vor allem Philosophie. Ein Jahr später setzte Hans-Georg sein Studium bei Nicolai Hartmann in Marburg fort, um es 1922 mit einer Dissertation über „Das Wesen der Lust in den platonischen Dialogen" abzuschließen.

Außerdem war Doktor Gadamer jahrelang als Privatdozent an der Universität in Marburg tätig.

Im Jahre 1937 erhielt Hans-Georg Gadamer die Ernennung zum Professor. Er folgte einem Ruf nach Leipzig, wo er ab 1939 gelehrt hatte.

Da Professor Hans-Georg Gadamer 1946/47 Rektor an der Leipziger Universität wurde, musste er sich dort mit der sowjetischen Besatzungsmacht arrangieren.

Der Nestor der deutschen Gegenwartsphilosophie erhielt 1949 einen Ruf nach Heidelberg, als Nachfolger von Karl Jaspers.

*

Doch zurück zum Brief von Professor Hans-Georg Gadamer vom 03. April 2000, von dem ich einen Auszug hier wiedergeben möchte:

„...mir ist es ein Vergnügen, etwas von Ihrer Existenz und Ihrer Leistung in Heidelberg zu erfahren.

...dass Sie sogar meinen Urenkel bedacht haben, macht mir nun Eindruck.

Auch ich kann nicht verleugnen, dass ich mit wahrhaftem Schrecken den Missgriff der Natur zu korrigieren suche, dem Sie so viel von Ihrer Arbeit widmen.

Ich bewundere das und wünsche, dass es Sie voll befriedigt und Sie Erfolg haben.

Ihr H.-G. Gadamer"

Da Professor Dr. Hans-Georg Gadamer vor seinem 100. Geburtstag oft in den Medien zu sehen war, hatte ich mir ein Herz gefasst, ihm persönlich zu gratulieren.

Männer der Politik wie Bundespräsident Johannes Rau, Ministerpräsident Erwin Teufel und der Alt-Bundespräsident Richard von Weizsäcker würdigten den „Groß Philosophen" bei einem Festakt in der Heidelberger Universität, vor über 1.200 geladenen Gästen.

Bei der Feier in der Heidelberger Stadthalle mit über 700 geladenen Besuchern, wurde der Jubilar zum „Ehrenbürger der Stadt Heidelberg" und der „Stadt Palermo" (Sizilien) ernannt.

Professor Dr. Hans-Georg Gadamer setzte in seinem langen, erfüllten Leben Kernpunkte.

„Hermeneutik" ist die Lehre vom Verstehen.

Sein ehemaliger Lehrer Martin Heidegger (1889-1976) kann stolz auf seinen bescheidenen und doch so berühmten Schüler sein.

***

46.

ERSTE FAHRT IM ROLLSTUHL
16.08.2000

Meine Freundin Sigrun hatte mir versprochen, mich bei meiner ersten Fahrt im Rollstuhl, ab dem Schwimmbad-Parkplatz Neckargemünd, zu begleiten.

An einem warmen Sommertag im August 2000, holte sie mich und Otto wenige Minuten vor 16.00 Uhr in Heidelberg-Rohrbach, in ihrem damals roten VW-Golf, ab.

Frohgestimmt klappte sie meinen Leichtmetall-Rollstuhl zusammen, legte ihn in den Kofferraum, wir stiegen ein und los ging die Fahrt.

Bei geöffnetem Schiebedach und 30 Grad Celsius im Schatten kühlte der Fahrtwind unsere erhitzten Gesichter.

Nach zwanzig Minuten Fahrzeit hatte Sigrun das Neckargemünder Schwimmbad erreicht.

Auf dem Parkplatz standen bereits viele Fahrzeuge.

Beschwingt verließ Sigrun ihren Wagen. Da sie auf einem Parkplatz für Schwerbehinderte geparkt hatte, legte ich meinen Schwerbehindertenausweis an die Frontscheibe.

Otto hob den Rollsstuhl aus dem Kofferraum und machte ihn startklar für mich.

Danach verschloss Sigrun die Autotür und dem Abenteuer der „ersten Fahrt im Rollstuhl" stand nichts mehr im Wege.

Meine beiden Begleitpersonen schoben mich abwechselnd am verlängerten Leinpfad, direkt am Neckarufer entlang. Auch hier wehte ein angenehmer Wind.

Unser Ziel war das Terrassencafé „Vierburgeneck" in Neckarsteinach.

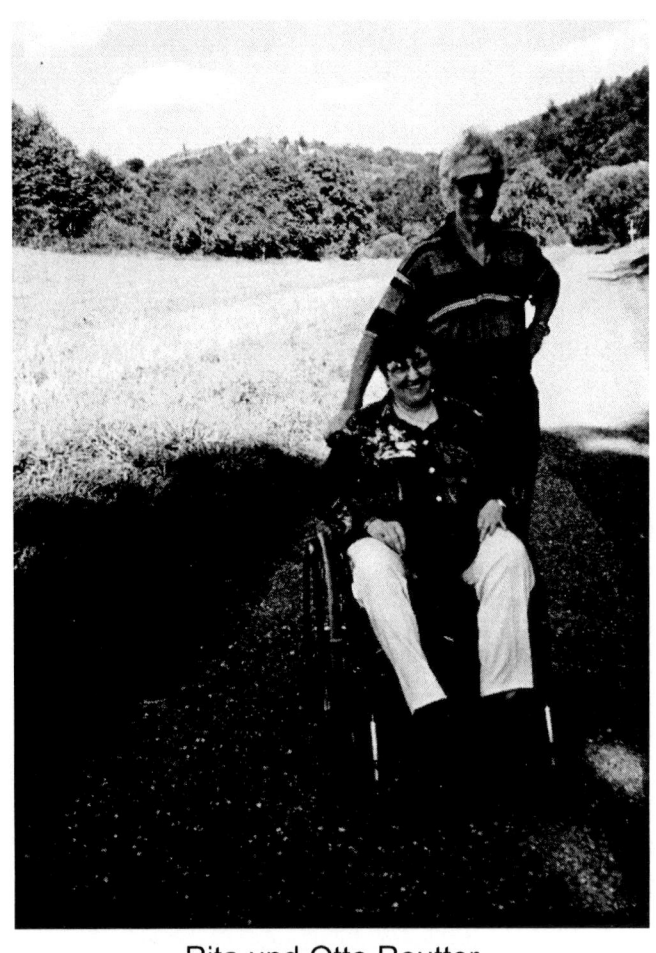

Rita und Otto Reutter
1. Fahrt im Rollstuhl, 16.08.2000

Sommerblumen wuchsen am Wegesrand. Vor meinem inneren Auge sah ich die Wiesen, auf denen ich als Kind den Rittersporn, den stolzen Heinrich, die Butter- und Gänseblümchen entdeckt hatte. Meine Schwester und ich flochten uns damals Kränze aus Gänseblümchen, setzten sie uns auf den Kopf und spielten abwechselnd „Prinzessin" in Mutter Natur.

Am liebsten wäre ich aus dem Rollstuhl gestiegen, um einen Purzelbaum auf einem größeren Wiesenstück zu schlagen.

Leider war dieser Wunsch wegen der gesundheitlichen Probleme für mich nicht möglich.

Dafür wurde ich vom Anblick des Dilsberges für die Einschränkung meiner Gehfähigkeit reich belohnt.

Auf unserem Wege kamen freundlich grüßende Menschen vorbei, so dass ich für Sekunden die Abhängigkeit eines Rollstuhldaseins vergaß.

Nach einer halben Stunde Fußmarsch meiner beiden tüchtigen Begleitpersonen war das Ziel erreicht. Der Chef des Hauses hatte uns schon erwartet, da uns Sigrun telefonisch für diesen Nachmittag angemeldet hatte.

Hilfsbereit öffnete er die Türen und wir durften ausnahmsweise die Wirtschaftsräume, bis zur gemütlichen Terrasse des Cafés „Vierburgeneck", passieren.

Um diese Uhrzeit herrschte Hochbetrieb. Problemlos fanden wir den für uns reservierten Tisch und ließen uns mit aromatisch duftendem Bohnenkaffee und leckerem Kuchen verwöhnen.

Der Blick auf die Neckarsteinacher Burgen und auf das glitzernd schimmernde Wasser des Neckars machte uns froh.

Unbefangen erzählte Sigrun aus ihrem ereignisreichen Leben. Ich bewundere diese tüchtige Frau, welche nach schon wenigen Wochen des Zusammenseins zur liebenswerten Freundin geworden ist. Ihr ausgeglichenes Wesen und ihre Herzlichkeit schenkten uns an diesem sonnigen Mittwoch Nachmittag viel Freude.

Sigrun hatte mir die „erste Fahrt im Rollstuhl" leicht gemacht, da sie sich trotz beruflicher und familiärer Pflichten, am 16. August 2000 die Zeit genommen hatte, mich zum Terrassencafé „Vierburgeneck" in Neckarsteinach zu begleiten.

***

47.

EINLADUNG INS NEUE SCHLOSS, STUTTGART
26. April 2002

An einem kühlen Märztag im Jahre 2002, an dem die kahlen Äste der Birkenbäume auf den Frühling warteten, nahm ich einen Brief des Staatsministeriums Stuttgart aus meinem Briefkasten. Freudig erregt pochte mein Herz, als ich das Kuvert mit dem Brieföffner aufschlitzte und eine weiße Karte mit dem Baden-Württembergischen-Staatsemblem in der Hand hielt. Darauf stand:

„Der Ministerpräsident des Landes Baden-Württemberg
gibt sich die Ehre, Sie zu einem Empfang
aus Anlass des 50-jährigen Jubiläums
des Landes Baden-Württemberg
am Freitag, den 26. April 2002 um 17.00 Uhr
in das Neue Schloss in Stuttgart einzuladen.

Es schließt sich um 19.30 Uhr ein Besuch der Oper
„Fidelio" im Opernhaus
des Württembergischen Staatstheaters Stuttgart an.

Dunkler Anzug
Kurzes Kleid

Diese Einladung gilt für zwei Personen.
Es wird gebeten, diese Einladung als Eintrittskarte mitzubringen. Parkmöglichkeiten bestehen im Innenhof des Neuen Schlosses."

Nach dieser Überraschung ließ ich mich im Wohnzimmer in den mir am nächsten stehenden Sessel fallen.

Otto, fast 64jährig, war noch berufstätig. Er hatte eine Abwechslung vom grauen Alltag mehr als verdient.

Sein dunkler Anzug passte ihm nach vielen Jahren noch wie angegossen. Dazu ein hellblaues Hemd mit weinroter Fliege und schwarze Lederhalbschuhe.

Für mich kam ein schwarzer Hosenanzug mit blau-weißer Bluse und einem weinroten Tuch in Betracht.

*

Frohgelaunt fuhren Otto und ich am Freitag, 26. April 2002 im Taxi nach Stuttgart.

Der junge Taxifahrer lachte herzlich, als er erfuhr, dass wir nach einundvierzig Ehejahren und einer wissbegierigen Tochter, unsere Hochzeitsreise in diese Stadt nachholten.

Wir fuhren nicht nach Italien, Österreich oder in die Schweiz, sondern nur in die Baden-Württembergische Bundeshauptstadt Stuttgart.

Mit dieser Fahrmöglichkeit waren wir auf niemanden angewiesen. Wir konnten den ereignisreichen Tag, trotz dunkler Wolken und einzelner Regenschauer, sowie starker Gelenkschmerzen, genießen.

Um 16.00 Uhr stiegen wir im Innenhof des Stuttgarter Schlosses aus dem Taxi.

Freundlich verabschiedeten wir uns von dem sympathischen jungen Fahrer, erinnerten ihn an die Nachtfahrt nach dem Opernabend, und zeigten den beiden Staatsdienern am Eingang des Neuen Schlosses unsere Einladungskarte.

Sie lächelten uns an, prüften das Schriftstück, machten den Eingang frei und wir betraten das Vestibül, um unsere Mäntel abzugeben. Im ersten Stockwerk lagen die Räumlichkeiten, in denen einst die Könige residiert und ihre Feste gefeiert hatten.

Da gab es den „Marmorsaal", mit den herrlichen Kronleuchtern an den Decken. Prächtige Kamine und mit rotem und grünem Samt gepolsterte Sitzbänke.

In einem Vorraum warteten viele geladene Gäste, darunter auch Diakonisse-Schwestern, auf die Hauptperson des Tages, Herrn Dr. Erwin Teufel, den Ministerpräsidenten von Baden-Württemberg. Er hatte eine junge, sympathische Protokollführerin vorausgeschickt, welche den wartenden Gästen Getränke anbot. Menschen verschiedener Nationen und aus verschiedenen sozialen Schichten waren an diesem Nachmittag Gäste im Neuen Schloss.

Wir kamen mit einem älteren Ehepaar aus Rastatt ins Gespräch, das sich ebenfalls in Altenheimen Jahrzehnte lang engagiert hatte.

Plötzlich bemerkte ich ein Grüßen und ein Kopfnicken der Wartenden als Zeichen, dass der Ministerpräsident gekommen war.

Von zwei Staatsdienern begleitet, wurden die Menschen in den Empfangssaal des Neuen Schlosses geführt. Die Herren lasen Herrn Dr. Erwin Teufel die Namen der eintretenden Personen vor.

Frau Teufel, die zur Begrüßung mitgekommen war, stand lächelnd neben ihrem gefragten Mann. Auch sie reichte den Besuchern die Hand.

Ich gab dem Ministerpräsidenten mein Buch

„Kleiner Sonnenstrahl"
Gedichte und Aphorismen,

das er dem danebenstehenden Staatsbeamten in die Hand drückte und zu mir gewandt sagte: „Herzlichen Dank für das Geschenk."

Gleichzeitig bat er einen Staatsdiener um einen Stuhl für mich, den ich dankbar annahm.

v.l. Frau Teufel, Ministerpräsident Dr. Erwin Teufel,
Rita und Otto Reutter im Neuen Schloss,
Stuttgart am 26.04.2002

Als alle Menschen persönlich vom Ministerpräsidenten begrüßt worden waren, hielt er eine Dankesrede zum 50jährigen Jubiläum des Bundeslandes Baden-Württemberg.

Er lobte die Arbeit der Männer und Frauen, die sich trotz ihrer Berufstätigkeit für Menschen in Altenheimen, für ausländische Mitbürger und für die Jugendlichen engagierten.

„Um unsere Zukunft muss es uns nicht bange werden, so lange es aufmerksame Nachbarn gibt", sagte Dr. Erwin Teufel.

Mitten in seiner Rede versagte dem Ministerpräsidenten plötzlich die Stimme, als ein Beamter ihm eine Nachricht zukommen ließ. Der Landeschef wurde blass im Gesicht. Er bat um eine Schweigeminute, die ihm gewährt wurde.

Der Grund dafür war das Blutbad in Erfurt, das ein ehemaliger, neunzehnjähriger Schüler angerichtet hatte.

Die bisher gute Stimmung der Anwesenden im Empfangssaal wich einer allgemeinen Bestürzung. Warum mussten unschuldige Lehrer und Schüler ihr junges Leben lassen?

Der Täter, welcher sich ebenfalls erschossen hatte, konnte diese Frage nicht mehr beantworten.

*

Um 18.00 Uhr wurden die Gäste in einen angrenzenden mit Blumen geschmückten Raum gebeten, in dem viele Tische, mit weißen Decken und gelb-schwarzen Bändern umschlungen, standen.

Kulinarische Köstlichkeiten luden die hungrigen Menschen und uns zu einem Imbiss ein.

Dazu wurden Säfte, Wasser und Wein aus württembergischen Anbaugebieten gereicht.

Das zuvorkommende Personal bediente uns nach unseren Wünschen, da ich mir aus gesundheitlichen Gründen keinen Stehempfang zumuten konnte.

Kaum waren unsere Teller leer, wurden neue Käse- und Schinkenhäppchen gereicht.

Bald war der Empfang im Neuen Schloss vorüber.

Die etwa 300 geladenen Gäste nahmen dankend Abschied von den fleißigen Helferinnen und Helfern. Der Ministerpräsident Dr. Erwin Teufel und seine Gattin hatten sich schon früher zurückgezogen.

Draußen vor den Schlosstüren hatte der Wettergott alle Schleusen geöffnet. Es regnete ohne Unterlass. Für ältere und gehandicapte Menschen wurde ein Kleintransporter vom Neuen Schloss bis zum Württembergischen Staatstheater eingesetzt, denn um 19.30 Uhr sollte die Oper „Fidelio", von Ludwig van Beethoven, im Opernhaus aufgeführt werden.

Die Zeit drängte. Zum Glück war der Weg vom Neuen Schloss bis zum Staatstheater bei grünen Ampeln nur sechs Minuten entfernt. Bei trockenem Asphaltboden wäre die Fortbewegung für mich an zwei Krücken leichter gewesen. Doch mit Ottos Hilfe schaffte ich das Aussteigen aus dem Wagen, das Hetzen ins Theater die tropfnassen, rutschigen Eingangsstufen hinauf, wo wir von einem, um uns besorgten Mann, bis zum Aufzug begleitet wurden. Im zweiten Stock verließen wir den Fahrstuhl und fragten eine Bedienstete des Staatstheaters nach dem 1. Rang, Loge VI. Als wir mit ihrer Hilfe unser Ziel erreicht hatten, war die Dame mir behilflich, die teppichbelegten Stufen hinauf zu steigen.

Mein rechter Fuß streikte durch die extreme Stresssituation. Trotz meinem eisernen Willen hatte ich keinen Erfolg, diese heikle Situation alleine zu meistern.

Kaum saßen wir in der zweiten Reihe, Platz 3 und 4 in Loge VI, wurden die Türen geschlossen, der Vorhang auf der Theaterbühne öffnete sich und die Ouvertüre der Oper zog uns in ihren Bann.

Die Oper „Fidelio" hatte eine Spieldauer von zwei ein halb Stunden.

Handlung: Spanisches Staatsgefängnis, einige Meilen von Sevilla entfernt, im 18. Jahrhundert.

Neun Mitwirkende faszinierten uns:

Don Fernando, Minister (Bariton)
Don Pizarro, Gouverneur eines Staatsgefängnisses (Bariton)
Florestan, Gefangener (Tenor)
Leonore, seine Gemahlin (Sopran)
unter dem Namen Fidelio
Rocco, Kerkermeister (Bass)
Marzelline, seine Tochter (Sopran)
Jaquino, Pförtner (Tenor)
Erster Gefangener (Tenor)
Zweiter Gefangener (Bass)

Das erste Duett von dem Pförtner Jaquino hieß: „Jetzt, Schätzchen, jetzt sind wir allein."

Marzelline, die Tochter des Kerkermeisters sang: „Es wird ja nichts Wichtiges sein..."

Befreit atmeten Otto und ich auf, lächelten uns zu und wussten ohne Worte, dass auch eine nach einundvierzig Jahren nachgeholte Hochzeitsreise ihre Tücken haben konnte.

Don Fernando entführte mich gedanklich in meine Theaterzeit zurück, die ich vor 44 Jahren mit meiner Freundin Margarethe in vollen Zügen genossen hatte.

Nach einer kurzen Pause schlossen sich die Logentüren. Aufmerksam lauschten wir den Arien.

Beim Finale sang Leonore (ihren Gatten umarmend)

„Liebend ist es mir gelungen,
dich aus Ketten zu befrein.
Liebend sei es hoch besungen:
Florestan ist wieder mein."

Darauf antwortete der Chor:

„Wer ein holdes Weib errungen,
stimm´ in unsern Jubel ein!
Nie wird es zu hoch besungen
Retterin des Gatten sein."

Tosender, kaum endender Applaus war der Dank des Publikums.

Nun hatten wir Zeit genug, zuerst die eiligen Theaterfreunde vorzulassen.

Als wir um 22.45 Uhr vor dem Opernhaus auf unseren Taxifahrer aus Heidelberg warteten, hatte der Regen vorübergehend eine Pause eingelegt.

Viele Taxen fuhren ganz in unsere Nähe, doch jedes Mal stiegen andere Menschen ein.

Pünktlich, wie vereinbart, fuhr unser Taxi vor die Tür des Opernhauses, der Fahrer stieg aus dem Wagen und half mir beim Einsteigen.

Zu später Stunde unterhielten wir uns lebhaft miteinander.

Auf dem kurzen Weg zur Autobahn fing es wieder heftig zu regnen an.

Der gesprächige Fahrer verringerte die Geschwindigkeit. So kamen wir trotz vieler Widerstände in Form von minutenlangen Staus auf der Autobahn gesund in Heidelberg an.

Wir bedankten uns bei unseren Schutzengeln, die uns auch auf diesem Weg begleitet hatten, sowie unserem umsichtigen, freundlichen Taxifahrer.

***

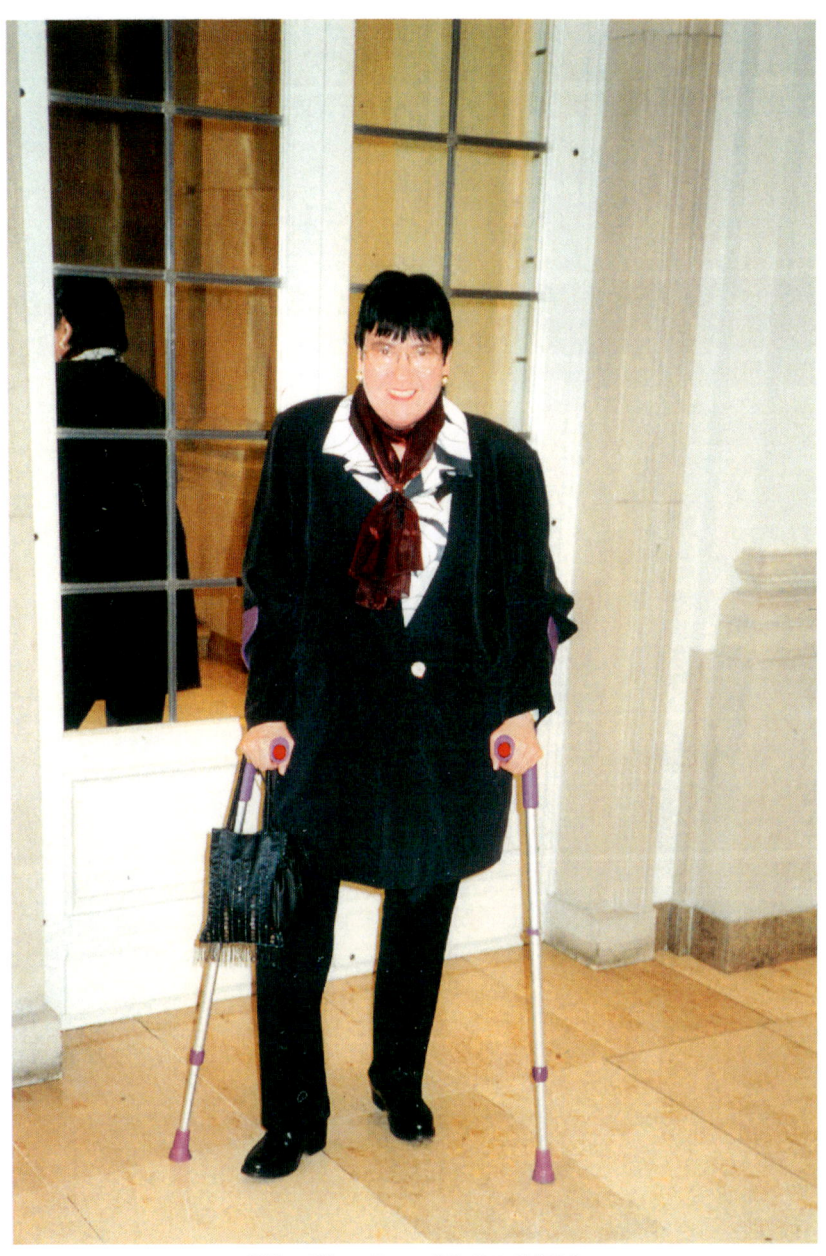

Rita Reutter, 26.04.2002
Einladung ins „Neue Schloß", Stuttgart

Otto Reutter in der Württ. Staatsoper, Stuttgart,
Loge VI, Platz 3 am 26.04.2002

Rita Reutter in der Württ. Staatsoper, Stuttgart,
Loge VI, Platz 4 am 26.04.2002

48.

DAS WUNDER IN DER SCHILLERSCHULE

Es geschehen noch Wunder, durch Engel in Menschengestalt, auch in unserer heutigen Zeit.

Am 04. Dezember 2002 erhielt ich von dir, liebe Heidegret einen Anruf, ob ich in der Schillerschule in Waghäusel über das Schicksal der beiden schwerstbehinderten Jungen Pjotr und Mirek sprechen möchte. Ich bat um einen Tag Bedenkzeit, da wir kurz vor unserem Umzug nach Leimen (20.12.2002) noch viel zu erledigen hatten.

Am 05.12.2002 sagte ich mein Kommen in der Schillerschule für Mittwoch, 11.12.2002 zu.

In Zusammenarbeit mit den Schülerinnen und Schülern hatte Frau Helga Geißler vom SMV ein Hilfsprojekt gestartet, welches Menschen, die durch Krankheit oder gar eine Behinderung im Schatten des Lebens stehen, finanziell zugute kommen sollte. Durch die Fürsprache der Lehrerin Heidegret Gronewold, welche die Fächer Deutsch, Erdkunde und Informatik unterrichtete, war in diesem Jahr die Wahl auf die beiden schwerstbehinderten Jungen Pjotr und Mirek gefallen.

*

Am 11. Dezember 2002 holtest du mich, liebe Freundin Heidegret frohgelaunt in deinem Wagen ab. Der Wettergott meinte es gut mit uns und schickte keinen Schnee auf die Erde, somit auch keine gefährlich glatten Straßen.

Als ich auf dem Parkplatz der Schillerschule aus deinem Auto stieg, hatte ich ein mulmiges Gefühl in der Magengegend. Hoffentlich würde ich die richtigen Worte finden, um über das Schicksal der beiden schwerstbehinderten Jungen Pjotr und Mirek zu sprechen.

Im Lehrerzimmer angekommen, begrüßte mich Herr Direktor Fischer freundlich.

Spontan widmete ich ihm ein Exemplar

„Hermann, der kleine Bär"
– Geschichten über Heidelberg –

Interessiert blätterte er in dem kleinen Geschichtsbuch und schaute die Fotos, sowie Tanjas Illustrationen aufmerksam an.

Dann war die Zeit gekommen, die Turnhalle aufzusuchen.

In Zweierreihen kamen die lebhaften Mädchen und Jungen an uns vorbei, um sich in der riesigen Halle auf ihre Plätze zu begeben. Es waren Schüler der ersten bis zehnten Klassen (auch die der jeweiligen Parallelklassen).

Seitlich an der Hallenwand stand ein liebevoll mit Seidentuch und Weihnachtsstern geschmückter Tisch, den du, liebe Heidegret, für mich gerichtet hattest.

Vor meiner Rede probierte ich das auf dem Tisch liegende Mikrophon aus.

Als Herr Direktor Fischer um 9.30 Uhr die Turnhalle betrat, das Mikrophon ergriff und die aufgeregten etwa 300 Schülerinnen und Schüler um Ruhe bat, war kein Laut mehr von ihnen zu hören. Er kündigte mich mit wenigen Worten an, erzählte von meinen beiden Schützlingen Pjotr und Mirek, bevor er mir mit einem charmanten Lächeln das Mikrophon überreichte.

Einleitend erzählte ich den Jungen und Mädchen der Schillerschule von meiner Aufgabe, Spenden für die beiden Neunjährigen zu sammeln, um ihre orthopädischen Maßnahmen zu unterstützen.

Nach einander meldeten sich nun die wissbegierigen Schüler zu Wort.

Da Herr Direktor Fischer und du, liebe Heidegret, in meiner Nähe standen, verspürte ich plötzlich eine innere Ruhe und Sicherheit, so dass ich sämtliche Fragen der Schüler ruhig beantworten konnte.

Ein etwa zehnjähriger, sehr aufgeweckter Junge fragte mich: „Leben die Jungen bei ihren Eltern oder in einem Heim?"

Meine Antwort lautete: „Sie leben und wohnen zu Hause bei ihren Eltern und Geschwistern, die sie zum Glück sehr lieb haben."

Ein etwas schüchtern aussehendes Mädchen mit blondem Lockenhaar wollte wissen: „Wie essen und trinken die Jungen ohne Arme?"

„Pjotr und Mirek brauchen ständig Hilfe, von ihren Müttern, Geschwistern und ihren Physiotherapeuten. Außerdem benötigen sie viele Schutzengel, wenn einer in Urlaub ist, muss der nächste die Arbeit für die schwerstbehinderten Jungen übernehmen."

Am Ende der Fragestunde stellte ich den Jugendlichen eine Frage: „Was würdet ihr machen, wenn ihr Hilfe herbeiholen müsstet und ihr hättet keine Hände um ein Telefon zu bedienen?"

Es wurde ganz still in der Turnhalle der Schillerschule, trotz der vielen Schülerinnen, Schüler und Lehrer. Ich blickte in betroffene Gesichter vieler junger Menschen.

Herr Direktor Fischer bedankte sich für das aufschlussreiche Zusammensein und überreichte mir einen Blumenstrauß.

Tosender Applaus ertönte von 300 Schülern, welche für Pjotr und Mirek einen großen Teil ihres Taschengeldes spendeten. Ich war sehr überrascht, dass meine Ausführungen über die beiden schwerstbehinderten Jungen so gut aufgenommen worden waren.

Auf der Heimfahrt machten wir eine Kaffeepause in einem schönen Landgasthaus.

Deine Zeit, liebe Heidegret, war begrenzt, da du ab 14.30 Uhr in der Schillerschule wieder unterrichten musstest.

Es geschehen noch Wunder, immer wieder, so auch am 11. Dezember 2002 durch die Spendenfreudigkeit der Schülerinnen und Schüler, sowie vieler kompetenter Pädagogen.

***

Rita Reutter im Lehrerzimmer der Schillerschule in Kirrlach, 11.12.2002

Heidegret und Rita mit Sally, 17.09.2003

49.

HELENE, DIE LEIMENER BÜRGERIN, UND WIR, DIE LEIMENER NEUBÜRGER

Seit achtundzwanzig Jahren schätze ich meine liebe Freundin Helene, die ich in der Kirchengemeinde St. Johannes in Heidelberg-Rohrbach kennen lernen durfte. Im Jahre 1980 war sie zusammen mit ihren Eltern und Großeltern aus Rumänien nach Deutschland gekommen. Die politisch unerträglichen Verhältnisse dort boten den Menschen kein friedliches Dasein mehr.

Anfangs war das Heimweh nach der alten Heimat bei Helene stark ausgeprägt gewesen, doch mit der Zeit fand sie gute Freunde, die ihr über den Verlust des bisher gewohnten Lebens hinweg helfen konnten.

Im Jahre 1986 zog Helene mit ihrer Familie aus der Mietwohnung in Heidelberg-Rohrbach nach Leimen ins eigene Haus. Dort fühlten sich die Familienangehörigen sehr wohl.

Ein Jahr später, am 19. Mai 1987 wurde Helenes ganzer Stolz, ihr kleiner Sohn Ralf geboren, der ihr und den Großeltern viel Freude bereitete.

Wenn Helene an ihrem Arbeitsplatz an zu Hause dachte, wusste sie, dass ihr kleiner Sohn von ihrer Mutter gut versorgt wurde.

So vergingen die arbeitsreichen Jahre.

Im September 1999 stand ein erneuter Wohnortwechsel bevor. Dieses Mal mit Sohn Ralf nach Sindelfingen/Maichingen.

Ihren Zweitwohnsitz in Leimen behielt meine Freundin Helene, da sie eines Tages wieder in die Große Kreisstadt zurückkehren möchte.

*

Am 20. Dezember 2002 zogen wir nach 33 Jahren von Heidelberg-Rohrbach nach Leimen.

Helene Werchner, Leimen, 1996

Viele Jahre zuvor hatten wir in Heidelberg nach einem geeigneten Domizil Ausschau gehalten, jedoch ohne Erfolg. Entweder war der Eingang einer Immobilie für mich schlecht begehbar, da die Stufen zur Wohnung viel zu hoch waren, oder bei einer anderen Möglichkeit fehlte im Keller ein sicheres Geländer zum Festhalten, was ich in meiner Situation dringend benötigt hätte.

Bei der Besichtigung unseres jetzigen kleinen Paradieses waren wir drei, Otto, Tanja und ich vom guten Zustand dieser Immobilie begeistert. Das Sahnehäubchen auf dem Kuchen war der Treppenlift. Der Makler hatte Verständnis für meine gesundheitlichen Probleme und ließ mich, nachdem ich mich mit zwei Begleitpersonen mühsam ins erste Stockwerk begeben hatte, mit dem Lift nach unten ins Wohnzimmer fahren. Das erste Mal war schon ein eigenartiges Gefühl, wie von einem Berg ins Tal hinab. Eine große Erleichterung für Menschen mit einer Gehbehinderung!

Nach zwei Tagen Bedenkzeit fuhren wir und der Makler ins Notariat nach Wiesloch.

Der Besitzer wurde im Rollstuhl von seiner Tochter begleitet, ins Besuchszimmer gefahren.

Wir begrüßten uns freundlich, wiesen unsere Identität mittels Personalausweis nach und hörten aufmerksam den Worten des Notars zu, der den Kaufvertrag aus mehreren Seiten bestehend, vorlas.

Als die Anwesenden mit den Konditionen einverstanden waren, unterzeichneten der Verkäufer, die Käufer und der Notar dieses wichtige Dokument.

Nun konnte das Band mit der Aufschrift: „Zum Verkauf" vom Balkon abgenommen werden.

Nach über vierzig Jahren großer Sparsamkeit ohne Auslandsurlaube hatten wir 64jährig das Ziel erreicht, wovon andere Menschen heute noch träumen.

Ein Domizil mit einem kleinen, von Rosensträuchern umgebenen Garten, guten Nachbarn und einer schönen barrierefreien Wohnung, machte uns im Herzen dankbar.

Als kaum zwei Monate später, am 17. Februar 2003, unsere Pointer-Mischlingshündin Sally in das von Rosen und Kamelien bewachsene Haus einzog, war unser Glück vollkommen.

***

50.

SALLY GRÜNFUSS
und
KNUDDELBÄR KNUT

Unsere Pointer-Mischlingshündin Sally war froh, einen guten Platz bei uns gefunden zu haben. Sie liebte ihr Herrchen, ihr Frauchen und vor allem Tanja, die Sally am 17. Februar 2003 aus dem Wormser Tierheim zu uns nach Leimen gebracht hatte.

Unbefangen beschnupperte die Hündin damals die Räume, jeden Winkel im Haus und Garten und fühlte sich sofort sehr wohl.

Beim Spazieren gehen mit ihrem Herrchen und Tanja erkundete Sally ihre neue Heimat Leimen.

Ihr Lieblingsplatz war die Feldwiese. Dort begegneten ihr viele Hunde. Einige mochte sie, andere nicht. Wenn Herrchens treue Weggefährtin den ungeliebten Vierbeinern die Zähne zeigte, machten diese einen großen Bogen um sie. Aber meistens war die schwarz-weiße Schönheit sehr verträglich.

Frauchen beobachtete Sally sehr genau und schrieb ein Buch über sie, mit dem Titel: „Sally Grünfuss" – Geschichten über Leimen, Heidelberg und Umgebung.

Der Leimener Oberbürgermeister Wolfgang Ernst hatte ein Vorwort dazu geschrieben und sein Foto zur Veröffentlichung beigelegt.

Höhepunkte für Sally waren die beiden Besuche im Leimener Rathaus. Das erste Mal am 28. August 2003 als Antrittsbesuch der Leimener-Neubürgerin beim Oberbürgermeister und seiner tüchtigen Sekretärin. Von ihr bekam die ewig hungrige Pointer-Mischlingshündin oft Schinkenstücke, so dass Sally ihr aufmerksam folgte.

Beim zweiten Besuch durfte Sallys Frauchen am 09.12.2003 im Spiegelsaal des Leimener Rathauses aus ihrer 18. Veröffentlichung „Sally Grünfuss" – Geschichten über Leimen, Heidelberg und Umgebung – zwei Kapitel lesen.

Viele Zuhörerinnen und Zuhörer waren gekommen.

Beim anschließenden Empfang im „Boris Becker-Zimmer" wurde Sekt und Orangensaft gereicht.

Die sympathische Sekretärin des Leimener Oberbürgermeisters Wolfgang Ernst, Frau Gabriele St.-R. hatte für diesen schönen Abend alle nötigen Vorbereitungen getroffen.

Die Protagonistin der Leimener Geschichten „Sally Grünfuss" lief im Spiegelsaal ohne Leine herum, um sich durch einen Blick ihrer funkelnden braunen Augen Hundeleckerli zu erbitten.

Inzwischen sind nach diesem schönen Abend im Spiegelsaal des Leimener Rathauses Jahre vergangen.

*

Als die achtjährige Sally zufällig im März 2007 den knuddeligen Eisbären Knut, zusammen mit seinem Ziehvater, dem Tierpfleger Thomas Dörflein im Fernsehen erblickte, war sie neidisch auf den neuen Erdenbürger.

Dieser kleine Bär, welcher am 05.12.2006 im Zoologischen Garten Berlin von seiner Eisbärenmutter Tosca geboren worden war, wog bei seiner Geburt nur 810 Gramm.

Mit dem Trinken hat es bei Mama Tosca für ihn und seinen Zwillingsbruder nicht geklappt, zum Glück gelang es dem Tierpfleger Thomas Dörflein mit viel Liebe und Geduld Knut rund um die Uhr mit der Flasche großzuziehen. Für das Zwillings-Eisbärchen kam jedoch jede Hilfe zu spät.

Es starb, da es viel zu schwach zum Trinken gewesen war.

Kaum glaubhaft, dass der tollpatschige Fernsehstar Knut einmal so klein wie ein Meerschweinchen gewesen sein sollte.

Die Fürsorge von Tierpfleger Thomas Dörflein zahlte sich in den langen Wochen des Zusammenseins mit dem mittlerweile pummeligen Eisbären Knut aus.

Millionen von Fernsehzuschauern und viele Zoo-Besucher konnten sich täglich über die gesundheitlichen Fortschritte des weißen Bärchens freuen.

So bekannt wie Eisbär Knut war Sally nicht. Aber auch das Berühmtsein hatte seine zwei Seiten.

Zum Beispiel das ständige Klicken der Fotoapparate der Zeitungsreporter. Jeder wollte das schönste Foto des kleinen Eisbären erhaschen.

Der kleine Knut sehnte sich nach der Abgeschiedenheit, weit weg vom Rummel der vielen Zuschauer, nur mit seinem Ziehvater.

Für den bescheidenen Tierpfleger Thomas Dörflein war diese enge Beziehung zu einem Eisbären etwas ganz besonderes in seinem jahrelangen Pflegerleben. Eine gut gemeisterte Aufgabe.

Als „Sally Grünfuß" bemerkte, dass der Rummel um den kleinen Eisbären Knut nachgelassen hatte, legte sie sich zufrieden in den Blumengarten hinter dem Haus.

Sie hatte ja ihr geliebtes Herrchen, ihr Frauchen und Tanja, mit der sie täglich auf der Wiese und in den Räumen des Hauses herumtoben konnte, das genügte ihr völlig. Sie wollte ein ruhiges Leben führen und nicht wie Knut von Fotografen gejagt werden.

***

51.

FÜNFUNDSECHZIG JAHRE JUNG
29. August 2003

An meinem 65. Geburtstag riefen mich viele Freunde an, um mir persönlich zu gratulieren.

Sie hatten den nun folgenden Artikel in der Heidelberger Rhein-Neckar-Zeitung Nr. 199, Seite 4, vom 29. August 2003 gelesen:

„Freude schenken" ist ihr Motto
Rita Reutter feiert heute ihren 65. Geburtstag
– Literaturgruppe begründet –

Wenn die bekannte Heidelberger Schriftstellerin Rita Reutter (Foto: privat) heute ihren 65. Geburtstag feiert, ist ihr ein 'großer Bahnhof' sicher. Er gilt einer bemerkenswerten Frau, die, seit ihrer Kindheit schwer behindert, ihr Leben in bewundernswerter Weise gemeistert hat.

Rita Reutter hatte längst die Schriftstellerei für sich entdeckt, als sie 1986 die Literaturgruppe 'Vita Poetica' bei der Akademie für Ältere mitbegründete und bald eine wachsende Schar von Autoren um sich versammelte. Unter ihrer Leitung ist es gelungen, dieser Gruppe von Literatur-Begeisterten nicht nur ein interessantes Forum sondern auch einen guten Namen zu schaffen.

'Freude schenken' heißt das Lebensmotto der Jubilarin, obwohl sie sich nach einem zweiten Bruch ihres gelähmten Beines vor fast fünf Jahren nur mühsam an zwei Krücken fortbewegen kann.

Unterstützung für ihre literarischen Vorhaben findet sie in ihrer Familie. Ihr Ehemann Otto, die Tochter Tanja und das Team der Literaturgruppe 'Vita Poetica' stehen ihr stets hilfreich zur Seite. Nach wie vor unterstützt Rita Reutter zwei schwerstbehinderte Jungen aus Polen, 'Pjotr' und 'Mirek', die ohne Arme und Beine (Mirek mit Armansätzen) zur Welt kamen. Und aus dem Erlös ihres auch für Erwachsene lesenswerten Buches 'Hermann, der kleine Bär' hilft sie die orthopädischen Maßnahmen für die beiden Jungen mitzubestreiten.

Kein Wunder, dass bei solchem Engagement öffentliche Anerkennung nicht ausblieb. 1994 erhielt die Schriftstellerin für ihr literarisches Wirken und ihr soziales Verhalten vom Land Baden-Württemberg die Staufermedaille, und im Laufe der Jahre folgten weitere Preise und Auszeichnungen.

In Leimen, wo die waschechte Heidelbergerin seit Ende 2002 zuhause ist, wird es heute lebhaft zugehen.

Auch die RNZ gratuliert sehr herzlich."

Vier Seiten weiter, in der Rhein-Neckar-Zeitung Nr. 199, Seite 8 vom 29. August 2003 wurde eines meiner Gedichte veröffentlicht:

Rita Reutter

„Begehrenswertes Schloss

Vom Morgengrauen
bis zur Dämmerung
seh´ ich dein Bild
mein Heidelberg.

Blicke froh
auf Altstadt,
Fluss und Berge.

Zum Verlieben schön
sind
deine engen Gassen,
das immer noch
begehrenswerte Schloss,
Wahrzeichen
von ALT-HEIDELBERG

Wir drucken dieses Gedicht aus dem Band ′Balsam der Seele′ aus Anlass des 65. Geburtstages der Lyrikerin, die zu den regelmäßigen Autorinnen unserer ′Sonntagsseite′ gehört."

Über diese Veröffentlichung in der Heidelberger Rhein-Neckar-Zeitung haben sich meine Familie, meine Freunde und ich sehr gefreut.

***

52.

LESUNG IN DER LANDHAUSSCHULE HEIDELBERG

Im Rahmen der Baden-Württembergischen Literaturtage 2004 gab es viele Möglichkeiten, in Buchhandlungen, Schulen und vielen Literaturgruppen zu lesen.

Aus diesem Grunde setzte ich mich telefonisch mit dem Schulleiter der Landhausschule Herrn Udo Gärtner in Verbindung und bat ihn um eine Lesung.

Er war meinem Anliegen gegenüber nicht abgeneigt, bat mich aber um Referenzen über meine schriftstellerische Tätigkeit.

Durch meine Tochter Tanja ließ ich ihm die beiden Bücher

„Hermann, der kleine Bär"
- Geschichten über Heidelberg -

und

„Sally Grünfuss"
- Geschichten über Leimen,
Heidelberg und Umgebung -

zukommen. Nach Einsichtnahme der Lektüre und Prüfung verschiedener Artikel in der Heidelberger Rhein-Neckar-Zeitung, vereinbarten Herr Gärtner und ich einen Lesetermin am Mittwoch, 29. September 2004, von 10.30 bis 11.30 Uhr.

Kinder der zweiten und vierten Klasse der Landhausschule waren für diese Lesung vorgesehen.

Bei sonnigem Herbstwetter fuhr ich am Michaelstag mit meiner Familie und der Pointer-Mischlingshündin Sally meinem Ziel entgegen.

Die Landhausschule war mir ein vertrauter Ort, da ich dort 1944, vor sechzig Jahren, als ABC-Schützin eingeschult worden war.

Inzwischen waren sechs Jahrzehnte vergangen, drei Generationen nachgewachsen.

Aus dem damals schüchternen Schulmädchen Rita Mayer, mit der Eisenschiene am rechten Bein, ist in den sechs Jahrzehnten eine verantwortungsvolle Frau, Mutter und Schriftstellerin geworden, die mit Stolz auf viele Veröffentlichungen blicken kann.

Um zehn Uhr schloss der Hausmeister der Landhausschule die Tür der Turnhalle auf.

Mit Geschrei stürmten die Schülerinnen und Schüler der zweiten und vierten Klasse in die Halle, wo sie auf Bänken oder auf Bodenmatten laut diskutierend ihre Plätze einnahmen.

Junge Lehrerinnen, eine mit einer Gitarre unter dem Arm, begleiteten die frohgestimmten Kinder, während Tanja ein Programm für die Lesung an die Eingangstür der Turnhalle heftete.

Es war schade, dass die Hauptperson „Sally Grünfuss" zur Lesung in der Turnhalle nicht erwünscht war. Sehr gerne wäre die schwarz-weiße Schönheit mitgekommen.

Die Blicke ihrer braunen Augen sprachen Bände.

Schulleiter Udo Gärtner begrüßte mich freundlich, stellte mich in einer kurzen Rede den Lehrerinnen und ungefähr neunzig Kindern vor.

Dann begann meine Arbeit. Zuerst las ich zwei Geschichten aus meinem Buch „Hermann, der kleine Bär".

Nach dem Applaus der Schülerinnen und Schüler waren sie mit ihrem musikalischen Vortrag an der Reihe. Nun kam Bewegung in die Turnhalle. Die aktiven Kinder sangen, klatschten in die Hände und stampften zur Gitarrenbegleitung mit den Füssen.

Auch sie bekamen viel Applaus.

Da sich die Schülerinnen und Schüler nun erst einmal erholen mussten, konnte ich aus meinem Buch „Sally Grünfuss" die Geschichte „Ein Brief an die Hundemama" in aller Ruhe vorlesen.

„Zugabe, Zugabe", riefen die Heranwachsenden laut.

Rita Reutter, Lesung im Rahmen der BW Literaturtage 2004 in der Landhausschule am 29. 09. 2004

Schulleiter Udo Gärtner mit Schülerinnen und Schülern der zweiten und vierten Klasse am 29. 09. 2004

Doch die vereinbarte Zeit von einer Stunde durfte nicht überzogen werden.

Die junge, sehr sympathisch wirkende Lehrerin, welche die Kinder musikalisch begleitet hatte, sagte abschließend ein paar nette Worte und überreichte mir einen schönen Herbststrauß.

Am Ausgang der Turnhalle verteilte Tanja an jede Schülerin und jeden Schüler ein Gedicht mit dem Titel „Meine Stadt" aus dem Buch: „Kleiner Sonnenstrahl", bevor sie davon rannten.

Einige Kinder sahen glücklich aus. Sie hatten die andere Art einer Geschichtsstunde in der Turnhalle sehr genossen.

*

Als wir kurz darauf im Schulhof unseren weißen VW-Golf, HD-A 4186 erblickten, staunten wir. Seelenruhig saß Sally auf dem Fahrersitz.

Ich schloss die Wagentür auf und sagte zu unserer sonst so liebenswerten Hündin: „Mach mir bitte Platz und troll dich auf den Rücksitz."

Sally schaute mich fragend an, blieb aber stur wie ein Esel sitzen und wartete meine nächste Reaktion ab.

Otto eilte mir zu Hilfe. Er hob die störrische Hündin vom Fahrersitz auf und legte sie auf ihre Decke auf die Rückbank.

Endlich konnte ich einsteigen und mit meiner Familie nach Hause fahren.

In Schulen zu lesen ist ein Abenteuer der besonderen Art.

Wenn die Protagonistin aus dem Buch „Sally Grünfuss" bei der Lesung in der Landhausschule am 29.09.2004 hätte zugegen sein dürfen, hätten die Schüler nicht nur „Zugabe, Zugabe" gerufen, sondern um ein Wiedersehen mit der klugen Vierbeinerin gebeten.

***

53.

Drei vierfüssige Zuhörerinnen

Frau Becker, von der Leimener Buchhandlung, war mit einer Lesung am 03. Dezember 2005 in ihren, mit interessanten Büchern ausgestatteten Räumen, einverstanden.

Auch die Anwesenheit der Pointer-Mischlingshündin Sally war an diesem Tage erwünscht.

Zusammen mit ihrem Herrchen, ihrem Frauchen und der charmanten Tochter der beiden ging Sally an diesem sonnigen Dezembertag eine halbe Stunde vor Beginn der Lesung in die St. Ilgener Straße 1, um als Zuhörerin die Geschichten, die ihr Frauchen vorlesen würde, zu hören.

Freundlich wurden die Ankommenden von Frau Gerlinde Becker und ihrer Mitarbeiterin empfangen. Ein Tisch mit Prospektmaterial, einer Flasche Wasser mit Glas und einem Braunbären, als Begrüßungsgast für die zu erwartenden Kinder, stand bereit.

Wochen zuvor hatte ich Kindergärtnerinnen in Leimen angerufen, ihnen das Programm mit Sallys Bild zugeschickt und nun wartete ich auf die kleinen Gäste in Begleitung ihrer Eltern, um die Geschichten der Pointer-Mischlingshündin zu lesen.

Eine viertel Stunde vor Beginn der Lesung kamen die ersten Zuhörer in die Buchhandlung.

Ein sympathisch wirkender Mann mit lockigem Haar und Vollbart betrat mit zwei vierfüßigen Damen den Raum, in dem die Lesung stattfinden sollte.

Er nannte seinen Namen und suchte sich mit seinen Begleiterinnen Linda und Gina einen Platz. Als diese beiden Hündinnen an Sallys Platz vorbei kamen, knurrte die Pointer-Mischlingshündin gefährlich.

Frau Gerlinde Becker holte Hundeleckerli für die drei Vierfüßler aus ihrer Tasche, bot sie ihnen an und der Frieden war wieder hergestellt.

Gerlinde Becker von der Leimener Buchhandlung, Rita Reutter und Sally, 03.12.2005

Inzwischen probierte Tanja die extra für junge Zuhörerinnen und Zuhörer gekaufte CD

„Die vier Jahreszeiten"
Vivaldi für Kinder

aus. Vogelstimmen ertönten, das Rauschen eines Baches war zu hören. Beim Donnerschlag spitzten die drei vierfüßigen Zuhörerinnen die Ohren, doch als keine Gefahr drohte, streckten die Hündinnen ihre Pfoten auf dem weichen Teppich gemütlich aus.

*

Wie im Programm vorgesehen, begann die Autorenlesung um elf Uhr.

Vierundzwanzig Füße waren in der Leimener Buchhandlung zugegen als ich mit sichtlichem Vergnügen die Geschichten aus meinem Buch „Hermann, der kleine Bär" las.

Mit Genuss hörten wir zwischendurch „Die vier Jahreszeiten" von Vivaldi.

Im Frühling vernahmen wir Vogelgezwitscher, im Sommer konnten wir die Gewitterstürme hören, im Herbst erklang Tanzmusik zum Erntedankfest und im Winter fröstelte es uns fast schon. Da war Gemütlichkeit in einer warmen Stube angesagt.

Anschließend las ich aus meinem Buch „Sally Grünfuss" die Geschichte „Ein Brief an die Hundemama."

Freudestrahlend überreichte mir die Buchhändlerin nach der harmonischen Lesestunde einen wunderschön mit Rosen und Tannengrün zusammengesteckten Blumenstrauß.

Herr Michael Gschwind kam lächelnd an meinen Tisch, bedankte sich für die Lesung der Tiergeschichten und kaufte die beiden Bücher für seine Kinder, die Zuhause auf ihn warteten.

Bevor der wie ein Künstler aussehende Mann die Buchhandlung verließ, bekamen seine beiden vierfüßigen Begleiterinnen einige Streicheleinheiten.

Als sich Frau Gerlinde Becker mit mehreren Exemplaren beider Titel eindeckte, war der Lesevormittag schon ein voller Erfolg für mich und unsere Pointer-Mischlingshündin Sally, die ihr Honorar, in Form eines Knochens, stolz nach Hause trug.

***

54.

PADDYS WEITE REISE

Als Paddy im Jahre 1979 nach zwölfstündigem Flug von Denver nach Deutschland am Frankfurter Flughafen im Frachtraum aus ihrer Box geholt wurde, und sie ihre Lieben wieder sah, war sie sehr glücklich.

Danielle, Mike und Doris umarmten die zierliche, beige-cognacfarbene Hündin, die wohl von einem Pudelrüden und einer Terrierhündin abstammen musste.

Am Flughafen-Ausgang tänzelte Paddy um ihre Familie herum und genoss ihre plötzliche Freiheit. Doch die weite Reise über den großen Teich hatte sie müde, durstig und ein wenig hungrig gemacht. Gegen ein ausgiebiges Nickerchen hätte die hübsche, vierfüßige Dame nichts einzuwenden gehabt, doch zuerst musste eine Unterkunft für ihre Familie und sie gesichert sein.

Die dreijährige Mischlingshündin, die von dem langen Flug etwas benommen war, ließ sich von dem 13jährigen Mike Styron gerne streicheln. Seine fast siebenjährige Schwester Danielle ließ Paddy keine Sekunde aus den Augen.

Nach ein paar Tagen in Heidelberg, Stadtteil Kirchheim, Paddys neuer Adresse, lief sie stolz neben Danielle, Mike und Doris durch die Straßen. Geschickt fing sie den von Danielle geworfenen Tennisball auf und legte ihn dem kleinen Mädchen wieder zu Füßen.

Die Strapazen des Fluges hatte die Hündin mit dem beige-cognacfarbenen Lockenhaar in kürzester Zeit überwunden. Wo ihre Lieben wohnten, war auch die 1976 in Amerika geborene Paddy zu Hause.

*

Da wir im Jahre 1982 noch kein Auto besaßen und ich wegen meiner Beinbehinderung ein Zusatzgerät im Fahrzeug benötigt hätte, nahm uns unsere Freundin Doris oft in ihrem Wagen mit nach Mannheim in die Freie Waldorfschule. Dort wurden viele Feste gefeiert, besonders im Herbst und vor Weihnachten. Danielle und Tanja besuchten gemeinsam die Schule. Beide waren bei der Lehrerin Brigitte Caroli in einer Klasse.

In ihrer Freizeit besuchten sich die beiden Mädchen und Paddy war bei der Begrüßung mit dabei, um die mitgebrachten Hundeleckerli zu verspeisen.

Als ich am 20. Dezember 1983 die Führerschein-Prüfung bestanden hatte, konnte ich bei der Autofirma Haussmann einen VW-Golf bestellen.

Die Lieferzeit betrug damals vier Monate. Von der Fahrschule Boch hatte ich das Zusatzteil der Firma Zawatzki, Neckargemünd, abgekauft, um mit dem linken Fuß den Wagen zu fahren.

In dieser Zeit bekam ich von dir, liebe Freundin gute Ratschläge.

Doch bevor ich meinen bestellten VW-Golf selbst fahren konnte, handelte ich mir am 07. Februar 1984 wegen Überbelastung beider Beine und Füße den ersten Beinbruch ein.

Wer sollte nun mein Auto von der Vertragsfirma Haussmann in der Eppelheimer Straße im April 1984 abholen?

Da besprach ich dieses Problem mit dir, liebe Doris und siehe, du wusstest eine Lösung.

Dein Angebot, mir mein neues Auto in der Autowerkstatt Haussmann abzuholen und nach Hause zu fahren, nahm ich gerne an.

Mein bisheriges Leben änderte sich durch die neu gewonnene Mobilität mit dem neuen VW-Golf HD-A 4186, den du, liebe Doris am 26. April 1984 von der Firma Haussmann für mich abgeholt und zu mir nach Hause gefahren hast.

Die kommenden Jahre vergingen wie im Fluge.

Als du, liebe Doris mit Danielle in England Ferien machen wolltest, durfte euere liebe Paddy drei Wochen lang unser Feriengast sein. Ansonsten duldete unsere damalige Hausbesitzerin keine Tiere.

Diese Zeit mit Paddy genossen wir sehr. Morgens ging Otto mit der vierfüßigen Dame Gassi, am Nachmittag nach der Arbeit richtete ich Paddys Hundemenü und am Spätnachmittag war die Ausgehzeit mit Tanja geplant. So klappte die Einteilung sehr gut.

Doris Styron mit Paddy, 29.08.1990

An einem Wochentag schüttete Petrus alle himmlischen Wasservorräte auf die Erde.

Ausgerechnet bei diesem Wetter war Tanja mit Paddy unterwegs. So schnell es ging, rannten beide nach Hause. Als die Hündin nach dem Abfrottieren mit einem flauschigen Handtuch immer noch ein feuchtes Fell hatte, holte Tanja ihren Fön und fönte damit unseren Feriengast.

Geduldig ließ Paddy diese Prozedur über sich ergehen und war froh, dass der grollende, angsteinflößende Donner nur vor der Wohnungstür sein Unwesen trieb.

Die drei Wochen England-Urlaub von Doris und Danielle vergingen viel zu schnell.

Beim Abholen lief Paddy zu ihrem Frauchen, dann zu jedem von uns, um sich für die liebevolle Betreuung zu bedanken. Ein letztes Umarmen, dann war die Wohnung ohne Paddy viel zu leer und wir sehr traurig.

An meinem 52. Geburtstag im Jahre 1990 gratulierte mir meine vierfüßige Freundin Paddy sehr herzlich. Und immer, wenn du, liebe Doris einen Dogsitter brauchtest, durfte ich, zusammen mit meiner Familie diese schöne Aufgabe übernehmen. In all' den Jahren ist uns die liebenswerte Hündin Paddy sehr ans Herz gewachsen.

Als Paddy im Jahre 1993, siebzehnjährig, die letzte Reise antreten musste, waren wir in unseren Herzen dankbar und froh für jede Stunde, die wir mit ihr, zu ihren Lebzeiten glücklich hatten verbringen dürfen.

***

55.

POETEN-ANTHOLOGIE
– Zwanzig Jahre Literaturgruppe „Vita Poetica" –

*„Erinnerungen sind die einzigen
Paradiese,
aus denen wir nicht vertrieben
werden können."*

Dietrich Bonhoeffer

Mit Riesenschritten eilten wir dem zwanzigsten Jahrestag der Literaturgruppe „Vita Poetica" entgegen.

An einem Sonntag im Februar 2006 rief ich meine Freundinnen und Freunde der Literatur an und unterbreitete ihnen einen Vorschlag. Bevor wir am 28. November 2006, nach zwanzig literarisch wertvollen Jahren, für immer auseinander gehen würden, möchte ich eine Poeten-Anthologie herausgeben. Ich war sehr überrascht und beeindruckt, als die Mitarbeiterinnen und Mitarbeiter, Gastleserinnen und Gastleser mein Vorhaben positiv aufgenommen haben.

So machte ich mich an die umfangreiche Arbeit.

In der Anthologie waren fünf Buchseiten für jeden Autor vorgesehen.

Zwischen den einzelnen Beiträgen setzte ich Akzente mit Tanjas Blumenillustrationen.

Nach und nach schickten mir die bereits etablierten Dichterinnen und Dichter ihre Texte zu. Mit großer Freude stellte ich die 57 Gedichte, 5 Geschichten, 10 Tanka und 12 Haiku der noch lebenden und bereits verstorbenen Dichterinnen und Dichter zusammen.

Bald wurde eine Lektüre Wirklichkeit, die von Poeten gerne zur Hand genommen wird, die „Poeten-Anthologie".

Ida Katherina Oechsner und Ehemann Manfred
(seit 24.11.1986 Mitwirkende in der Lit.-Gruppe
"Vita Poetica" und Freundin)

Auf dem Buchumschlag ist eine Rose über dem Heidelberger Schloss, das Wahrzeichen meiner geliebten Heimatstadt zu erkennen. Die Leserinnen und Leser sind somit neugierig auf den Inhalt des Buches mit den aussagekräftigen Gedichten, Geschichten, Tanka und Haiku. Sie geben Zeugnis eines erfüllten Lebens der einzelnen Dichterinnen und Dichter.

Die „Vita Poetica-Freunde" sind somit gedanklich immer miteinander verbunden.

Nach etwa viermonatiger Arbeit konnte ich die „Poeten-Anthologie" an meine Mitautorinnen und -autoren verteilen.

Am 28. November 2006 feierten wir im Saal E 06 das zwanzigjährige Jubiläum der Literaturgruppe „Vita Poetica" in der Akademie für Ältere, Heidelberg im Hause der VHS mit vielen geladenen Gästen und musikalischer Umrahmung.

Meine Freude war groß, dass die bekannte Autorin Ida Katherina Oechsner mit ihrem Mann Manfred der Einladung gefolgt war.

In den Anfangsjahren der Literaturgruppe „Vita Poetica" vom 24.11.1986 bis 22.11.1988 erfreute die Dichterin ihr Publikum mit wahren Geschichten und aussagekräftigen Gedichten.

Im Jahre 1998 und 2004 wurde die Autorin vom Freien Deutschen Autorenverband für ihre eingereichten Gedichte mit einem Lyrikpreis ausgezeichnet.

Auch an die Weihnachtslesung ihrer Tochter Marion am 20. Dezember 1988 erinnern sich einige Literaturfreunde sehr gerne.

Bei Kaffee und Kuchen ließen wir den Jubiläumstag in der „Bergheimer Mühle" harmonisch ausklingen.

*

Wenn uns das Heimweh an vergangene glücklich verbrachte Lesenachmittage heimsuchen sollte, genügt es, wenn wir die

„Poeten-Anthologie"

zur Hand nehmen, die ansprechenden Gedichte, wahren Geschichten, sowie die japanische Kurzlyrik Haiku und Tanka lesen und die Worte in uns aufnehmen.

Rasch entschwindet die Einsamkeit. Vor unserem inneren Auge sehen wir die mit Seidentüchern und Blumen schön gestalteten Tische, eine Arbeit der Künstlerin Eva Abramowski, genießen den Kerzenschein und die Lebensfreude hat wieder den richtigen Klang in unsere Seele gezaubert.

***

56.

ZWANZIG JAHRE
Literaturgruppe „Vita Poetica"
28. November 2006

Am 28. November 2006 trafen sich um 15.00 Uhr in der Akademie für Ältere (im Hause der Volkshochschule) Heidelberg, Raum E 06 zur Jubiläumsveranstaltung der Literaturgruppe „Vita Poetica" viele Literaturfreunde und Gäste.

Die vier geladenen Ehrengäste, Frau Gerlinde Horsch in Vertretung des 1. Vorsitzenden der Akademie für Ältere, Herrn Manfred Massinger, Frau Gerda Wittmann-Zimmer, die 1. Vorsitzende des Freien Deutschen Autorenverbandes, Landesverband Baden-Württemberg, Stuttgart, Herrn Prof. Dr. Herbert Gröger, Eppertshausen, sowie Stadtrat Herrn Prof. Dr. Hans-Günther Sonntag, Heidelberg, waren gekommen, um mit ihren Dankesreden die literarisch wertvolle Arbeit der Mitwirkenden zu loben.

Nach der Begrüßung von Tanja Reutter hörten die aufmerksamen Gäste zwei Stücke „Sinfonia für drei Flöten d-moll" und „Sinfonia für drei Flöten e-moll" von Johann Sebastian Bach (1685-1750) auf Querflöten gespielt von Ursula Berger, Christina Schneider und Silke Vogler. Somit hatten die drei Damen unsere Jahrestage zur Freude der Zuhörerinnen und Zuhörer sechzehnmal musikalisch umrahmt.

Dafür bekamen sie einen lang anhaltenden Applaus.

Im weiteren Verlauf las ich die naturverbundenen Gedichte meiner Freundin Elisabeth Bernhard-Hornburg. Nach dem Applaus hörten die gespannt lauschenden Anwesenden von der Bruchsaler Schriftstellerin Barbara Schnuppe einen Aufsatz mit dem Titel: „In Goethes Garten." Als der wohlverdiente Applaus verklungen war, spielten die drei Damen das Stück „Rondo F-Dur" von Wolfgang Amadeus Mozart (1756-1791).

Danach kam die Gastleserin Frau Thilde Hoppe-Hoyer mit ihren Gedichten und spannenden Geschichten mit dem Titel „Unterwegs" zu Wort.

Mit ihrer wahren Geschichte „Ein Kind" (zu lesen in der „Poeten-Anthologie") hatte sie eine Begegnung in der Heidelberger Fußgängerzone mit einem spielfreudigen Kind und den gestressten Menschen geschildert, die uns klarmachen möchte, wie weit wir Erwachsene vom wirklichen Leben entfernt sind.

Es folgten tiefempfundene Gedichte, weitere lustige Geschichten und nach zwanzig Minuten Lesezeit spendete das zahlreiche Publikum einen lang anhaltenden Applaus.

Zum letzten Mal, wie wir anderen Mitwirkenden auch, erfreute die freie Autorin, Künstlerin und Malerin Eva Abramowski die Gäste mit ihrer Gedanken-, Liebes- und Naturlyrik.

Nach jeweils acht Gedichten wie bei jeder Lesung kam „ein geflügeltes Wort", welches das Ende des Vortrages ankündigte. Auch Eva erhielt viel Applaus für ihre Gedichte.

Nun hörten die Literaturfreunde meinen Aufsatz „OTTO SCHMEIL" vom Halbwaisen zum international anerkannten Biologen.

Auch ich erhielt für meine Lesung viel Applaus von den mir zulächelnden Damen und Herren.

Den Abschluss der Lesenden machte der Autor und Dozent Werner Jacobsen.

Er las eine Geschichte „PETJAS BESTER FREUND" vor, für die er kräftigen Applaus bekam.

Es folgte das Musikstück „Cotillon, Ecossaise und Valse sentimentale" (Tänze für drei Flöten) von Franz Schubert (1797-1828), gespielt von Ursula Berger, Christina Schneider und Silke Vogler.

Nach dem Applaus bedankte ich mich bei allen Mitwirkenden und mit etwas Wehmut im Herzen verabschiedete ich mich von vielen vertrauten Menschen.

Um den Übergang in das gruppenlose Leben etwas zu erleichtern, feierten wir in der „Bergheimer Mühle" mit über 30 geladenen Freunden Abschied nach zwanzig Jahren Literaturgruppe „Vita Poetica".

Beim Kerzenschein, Kaffee und Kuchen erzählten wir Anekdoten aus dem Leben der Gastleserinnen und Gastleser.

Auf der Rückseite des 240. Programmes der Literaturgruppe „Vita Poetica" war folgendes zu lesen:

TANKA

"Wenn alle Völker
sich gegenseitig achten,
gibt es Frieden auf

der Welt, Tränen versiegen
und die Not hat ein Ende."

Rita Reutter

*

20. Jahrestag der Lit.-Gruppe „Vita Poetica", 28.11.2006
v.l. sitzend: Werner Jacobsen, Tanja Reutter, Rita Reutter,
Thilde Hoppe-Hoyer und Barbara Schnuppe.
v.l. stehend: Silke Vogler, Christina Schneider,
Ursula Berger und Eva Abramowski

NACHTRAG:

Das hätte sich die Mitbegründerin und Dichterfreundin Elisabeth Bernhard-Hornburg nicht träumen lassen, dass die Literaturgruppe „Vita Poetica" unter meiner Leitung das zwanzigste Jubiläum erreichen würde.

Zwei Jahrzehnte Autorinnen und Autoren monatlich für Poesie zu begeistern, war keine leichte Aufgabe für mich.

Mit unserem Motto: „Freude schenken" habe ich viele heikle Situationen durchgestanden.

Die engagierten Mitarbeiter halfen mir dabei mit Rat und Tat.

Auch die Gastleserinnen, die aus fünf Bundesländern kamen: Baden-Württemberg, Hessen, Nordrhein/Westfalen, Saarland und Rheinland/Pfalz machten dem Publikum, den Mitwirkenden und mir viel Freude und gaben mir die nötige Kraft mein Ehrenamt fortzusetzen.

Am 25. Januar 2001 ist die Mitbegründerin und Dichterfreundin der Literaturgruppe „Vita Poetica"; Elisabeth Bernhard-Hornburg verstorben, die mit ihren Gedichten aus ihren Büchern „Lebendige Heimat", „Auf der Suche" und „Letzte Wanderung" den älteren Menschen viel Lebensmut gegeben hat.

NÄCHTLICHE STUNDE

Traute Zweisamkeit
mit der Gewissheit
des Abschiednehmens.
Geliebtes Leben
gefunden und verloren,
entgleitet wie ein Traum.

Hält uns aber umschlungen
mit schmerzlicher Flamme.
Stummes Schreiten
in den heraufdämmernden Tag –
nur verwundert darüber
noch da zu sein.

Elisabeth Bernhard-Hornburg

aus: „Letzte Wanderung"

*

Die Autorin Dorothea Wittek, die am 16. Mai 2004 verstorben ist, war vom 23. Januar 1990 bis 19. Dezember 2000 in unserer Literaturgruppe als engagierte Dichterin tätig.

Bei den Zuhörerinnen und Zuhörern sind ihre Haiku und Tanka (japanische Kurzlyrik), sowie ihre guten Aufsätze über bekannte Persönlichkeiten, unvergessen.

Für ihre wertvolle Arbeit in den vielen Jahren des Zusammenseins meinen herzlichsten Dank.

*

Auch unserem Schriftsteller und Humoristen in der Literaturgruppe „Vita Poetica", Karl Klaus, für seine hervorragende Mitarbeit vom 29. September 1992 bis 16. Dezember 2003 und die Lesungen aus seinen Büchern

„Herr X und andere x-beliebige Zeitgenossen",
Band I und II

gilt meine Anerkennung und mein aufrichtiger Dank.

*

Der Lyriker Knut Ismer engagierte sich in der Gruppe „Vita Poetica" vom 24. Januar bis 20. Juni 1989, er las Lyrik und Prosa.

Außerdem umrahmte er zur Freude des Publikums die Lesungen mit klassischen Stücken auf dem Klavier. Dafür ein herzliches Dankeschön.

Im gleichen Jahr zog der Dichter nach Braunschweig. Um dem begeisterten Publikum seine aussagekräftigen Gedichte auch weiterhin zu präsentieren, schickte der fleißige Autor mir seine Arbeiten auf dem Postwege zu.

Die Literaturfreunde dankten mir mit kräftigem Applaus, den ich telefonisch meinem Dichterkollegen nach Braunschweig weitergab.

*

Zum guten Schluss der Veranstaltungen der Literaturgruppe „Vita Poetica" gehört mein herzlicher Dank allen Literaturfreunden (Mitwirkenden, Gastleserinnen und Gastlesern).

Ebenso den Mitarbeitern hinter den Kulissen, den Zuhörerinnen und Zuhörern, welche weite Wegstrecken auf sich genommen haben, um mit uns an Dienstag-Nachmittagen zwei literarisch erbauende Stunden zu verbringen.

***

57.

Meine erste Begegnung
in der Regionalgruppe 60 Heidelberg
Bundesverband Poliomyelitis e.V.

An einem regnerischen Samstag-Nachmittag, am 17. März 2007 fasste ich den Mut, einer Einladung von Frau Dr. med. Almut Klügel Folge zu leisten.

Beim ersten Treffen im Heidelberger Selbsthilfe- und Projektbüro, Alte Eppelheimer Str. 38, erster Stock, Raum 3, in Begleitung meiner Familie und der treuen Pointer-Mischlingshündin Sally, wurden wir von ihr freundlich empfangen.

Zum ersten Mal in meinem 68jährigen Leben konnte ich mich mit Schicksalsgefährten gedanklich austauschen.

Ich war überrascht von dem zwanglosen Umgang der vom Schicksal einer Poliomyelitis betroffenen Damen und Herren. Ein beglückendes Gefühl, das nicht in Worte zu fassen ist.

Diese sympathischen Menschen hatten, genau wie ich, dem Leben, trotz vieler körperlicher Einschränkungen, die Sonnenseite abgerungen.

Wo ich auch hinsah, begegnete ich freundlichen Gesichtern.

Wenn man bedenkt, dass viele Jahrzehnte nach der Ersterkrankung an Poliomyelitis bereits vergangen waren, hatten die davon betroffenen Menschen in bewundernswerter Weise ihr Schicksal durch ihre positive Lebenseinstellung im Alltag gut gemeistert.

Täglich mussten Muskelschmerzen der Fuß- und Handgelenke, Rückenprobleme, Atembeschwerden bei körperlicher Anstrengung, Bluthochdruck und das Übergewicht infolge der Inaktivität der gelähmten Beine ertragen werden.

Da hieß das gedankliche Motto eines jeden Patienten „Brücken bauen" zum Nächsten, um die eigenen Schmerzen zu minimieren.

Enorme Lebensqualität bringt uns schon ein Lächeln. Das Lesen eines spannenden Buches, um die verausgabten Kräfte wieder zu mobilisieren. Beim Klang klassischer Musik können wir in die Welt der Harmonie eintauchen.

An diesem Nachmittag stellten sich in der Regionalgruppe 60 Heidelberg drei weitere vom Schicksal nicht verschonte Menschen vor.

Den Gruppenmitgliedern und den Neulingen in der Runde wurde im gemeinsamen Gespräch klar, dass die durch die Poliomyelitis gehandicapten Menschen Rechte haben, welche sie den jeweiligen Stadtvätern klarmachen sollten, um ihren beschwerlichen Alltag leichter bewältigen zu können.

Das Thema „Barrierefreiheit" muss immer wieder diskutiert werden, bis die notwendigen finanziellen Mittel vorhanden sind, die Barrieren abzubauen.

Meinen Schicksalsgefährten möchte ich in Zukunft etwas von meiner Lebensfreude abgeben, um die gute Stimmung bei den kontinuierlichen Gruppentreffen, nach wie vor, aufrecht zu erhalten.

*

Nachtrag:

Am 02. April 2007 wurde ich neues PPS-Mitglied mit der Ausweis-Nummer 04130.

***

58.

AUSKLANG

Silbermond

leuchtend
verschenkst du dich.
Bringst Hoffnung
in unsere Herzen.

Dein Silberlicht
verdrängt das Leid,
macht frischen Mut,

liebkost die Rosen,
die durch Sonnenkraft
e r b l ü h e n .

Rita Reutter

aus: „Vielfältiges Leben"
Gedichte und Aphorismen, 1987

Dieses Gedicht habe ich in der Literaturgruppe „Vita Poetica", Akademie für Ältere, in Heidelberger Gesprächskreisen und in Altenheimen vorgelesen.

Immer wieder musste ich das kleine Gedicht vortragen und ich fühlte mich sehr wohl dabei.

Wenn ich mein bisheriges Leben retrospektiv betrachte, bin ich für die ersten zweiundzwanzig Jahre meinen lieben Eltern und Geschwistern für ihre Liebe und Opferbereitschaft von Herzen dankbar.

Ebenso meinen Großeltern väterlicher- und mütterlicherseits.

Mit meinem Mann Otto begann für mich eine neue Ära.

Ab meinem dreiundzwanzigsten Lebensjahr bis zum siebzigsten Geburtstag sind es siebenundvierzig Jahre, die wir gemeinsam als Ehepaar verbringen durften.

Für jedes vergangene Jahr gilt mein innigster Dank meinem geliebten Mann Otto, der Freude und Leid mit mir geteilt hat. Mutig schiebt er den Rollstuhl durch die Straßen, lächelt mich an und sagt mit überzeugender Stimme: „Ich würde dich wieder heiraten!" Für mich klingen diese fünf Worte wie eine Liebessymphonie.

Sehr glücklich und mächtig stolz war ich am Tage der Geburt meiner kleinen Tochter Tanja

(08.11.1972), der ich ebenfalls viel zu verdanken habe. Beispielhaft hat sie mich in künstlerischer Hinsicht unterstützt, meine Bücher illustriert, die monatlichen Programme in der Literaturgruppe „Vita Poetica", Akademie für Ältere, Heidelberg, mit Zeichnungen, der Jahreszeit entsprechend, versehen.

Ebenso die musikalische Umrahmung der Lesungen mit Leier- und Flötenspiel bereichert.

*

Mein herzlichster Dank gehört meiner Freundin Margarethe für die unvergessenen Stunden, die wir im Theater miteinander verbracht hatten, für die begnadet lange Zeit von vierundfünfzig Jahren der wahren Freundschaft.

Ebenfalls herzlich bedanken möchte ich mich bei Else für ihr Verständnis und ihre aufmunternden Worte während meiner dreijährigen Lehrzeit von 1954 bis 1957. Diese waren meine härtesten Jahre vom 16. bis zum 19. Lebensjahr. Durch diese Erfahrungen lernte ich kämpfen, mich für die Schwächeren in unserer Leistungsgesellschaft einzusetzen.

Auch wir hatten unsere schönen Tage, liebe Inge. Unsere Mittagspause in der Firma R. Altschüler GmbH war viel zu kurz für unsere lebhaft geführten Gespräche.

Als junge Mädchen standen wir auf der „Alten Brücke" in Heidelberg und betrachteten „Pallas Athene", die griechische Göttin der Weisheit. Sie ist auch die Schutzgöttin von Städten und Burgen, wacht über die Bereiche Handel, Ackerbau, über die Astronomie, Malerei, Musik und Bildhauerkunst.

In einem Jahr, 2009 können wir, so Gott es will, liebe Inge, unsere „Goldene Freundschaft" feiern.

Obwohl wir uns in den achtundzwanzig Jahren unserer Freundschaft nur selten sehen konnten, bist du mir, liebe Helene trotz 22jährigem Altersunterschied, zur echten Freundin geworden. Auch du hast ein Herz für Menschen, die vom Schicksal nicht verwöhnt wurden.

Für deine Freundschaft, liebe Helene, danke ich dir herzlich.

Liebe Doris, sechsundzwanzig Jahre der Freundschaft sind schnell vergangen.

Deine ehemalige Hündin Paddy hat uns allen viel Freude bereitet, was in dem Kapitel „Paddys weite Reise" zum Ausdruck kommt.

Für dreiundzwanzigjährige Freundschaft bin ich dir, liebe Irm, sehr dankbar.

Um über den Krankheiten zu stehen, die du täglich in Altenheimen und in der Massage-Praxis zu Gesicht bekommen hast, unterhielten wir uns bei den therapeutischen Anwendungen auch über Filmschauspielerinnen vergangener Epochen.

Dazu gehörte die unvergessene Marlene Dietrich, die 1901 in Berlin-Schöneberg das Licht der Welt erblickt und im hohen Alter von 91 Jahren in Paris 1992 zu Grabe getragen worden war.

Auf Wunsch ihres Vaters, eines Polizeioffiziers, hätte Marlene das Geigenspiel erlernen sollen. Sie absolvierte jedoch lieber das Max-Reinhardt-Seminar und spielte in Berlin Theater.

Im Jahre 1930 eroberte sie mit ihrer Rolle im „Blauen Engel" die Kinoleinwand.

*

Neunzehn Jahre Freundschaft verbinden uns mit dir, lieber Dieter. Wie gut, dass uns Willi Schmitt ins Alex-Möller-Haus zur Weihnachtsfeier der AWO am 24. Dezember 1989 eingeladen hatte und wir uns dort begegnen durften.

Damals las ich zwei Gedichte und eine Weihnachtsgeschichte vor mehr als 150 weihnachtlich gestimmten Menschen. Ein schönes Erlebnis, welches sich bis 1997 wiederholte.

Da du, lieber Dieter ebenfalls das Herausragende liebst, unterhielten wir uns einmal über den imposanten Brunnen am Adenauerplatz.

Rainer Scheithauer (1931-1992) errichtete mit 57 Jahren dieses überragende Kunstwerk im Jahre 1988. Nach unserem Gespräch setzte ich mich an meinen Schreibtisch und entwarf zwei Texte. Einen davon möchte ich im Folgenden wiedergeben:

BRUNNEN AM ADENAUERPLATZ II.
– Scheithauer –

Anziehungspunkt für Menschen,
die das Besondere lieben.
Majestätisch zeigst du
der wärmenden Sonne
dein sprühendes Gesicht.

Lächelnd
strahlt sie dich an
plötzlich
regnet es Goldfunken.

Rita Reutter

aus: „Kleiner Sonnenstrahl"
Gedichte und Aphorismen, 1995

*

Sechzehn Jahre teilten wir Freude und Leid, liebe Freundin Elisabeth, von Anfang Mai 1985 bis 25. Januar 2001. Den Altersunterschied von einunddreißig Jahren habe ich nie bemerkt.

Durch die gemeinsame Gründung der Literaturgruppe „Vita Poetica", durch deine naturverbundenen Gedichte und Geschichten wuchsen wir innerlich nach kurzer Zeit zusammen. Deine Schäferhündin Susi begleitete uns oft auf unseren beschwerlichen Wegen. Immer wieder lief die treue, bildschöne Hündin weite Strecken zurück, um nach ihrem geliebten Frauchen zu sehen.

Meine liebe Freundin, obwohl du uns schon sieben Jahre vorausgeeilt bist, werden wir dich nie vergessen.

Du warst einmalig und bist durch niemanden zu ersetzen.

*

Ebenfalls sechzehn Jahre Freundschaft über den Postweg verbinden uns, liebe Uschi.

An meinem 69. Geburtstag hast du mir mit deinen Fotos und Broschüren „Ostseebad Warnemünde", „Willkommen an Warnow und Ostsee", sowie dem Prospekt der „Evangelisch-Lutherischen Kirche zu Warnemünde" viel Freude bereitet.

Ich bin mir ganz sicher, liebe Uschi, dass wir uns bald einmal in die Arme schließen können.

*

Auch unsere Freundschaft, liebe Regina, ist sehr wertvoll für mich.

Die geruhsamen Nachmittage in deinem Garten mit Kitty haben wir in sehr guter Erinnerung.

Ebenso deine Begleitung nach Stuttgart, wo du am 05. Oktober 1994, bei der Verleihung der Staufermedaille, zusammen mit deinem Mann Günther, bei der Feier zugegen sein konntest.

Für deine mit viel Liebe zum Detail kreierten Geburtstags- und Weihnachtskarten ganz herzlichen Dank.

*

Vor sechzehn Jahren lernten wir uns kennen, liebe Eva. Unsere erste Begegnung war in der Nacht zum 04. August 1992 im Krankenhaus, wo du, liebe Freundin als Nachtschwester durch Tablettenausgabe meine Schmerzen gemildert hast.

Mit großer Freude kamst du in unsere Literaturgruppe „Vita Poetica".

Bei der ersten Gastlesung am 26.09.1995, zusammen mit der Autorin Irmi Klein, präsentiertest du einem gespannt lauschenden Publikum deine Gedanken-, Liebes- und Naturlyrik. Jedes Jahr warteten die Zuhörerinnen und Zuhörer auf deine Gedichte und Märchen.

Der Jahreszeit entsprechend hast du als Künstlerin und Malerin mit Seidentüchern, Blumen, eigenen Aquarellen und Kerzenschmuck in der Literaturgruppe „Vita Poetica" ein Ambiente geschaffen, das jahrelang die Anwesenden erfreute.

So vergingen die Jahre.

Als die Autorin Dorothea Wittek aus gesundheitlichen Gründen ihre monatliche Mitarbeit vom 23.01.1990 bis 19.12.2000 in der Gruppe aufgeben musste, warst du, liebe Eva bereit, die Lesungen ab 27. März 2001 bis zur Jubiläumsveranstaltung am 28. November 2006 zu übernehmen.

Für diese große Mühe herzlichen Dank.

*

Uns verbindet die große Verantwortung für die Jugend, liebe Heidegret. Dein Gerechtigkeitssinn als Lehrerin imponierte mir sehr. Auch deine Hilfsbereitschaft Menschen gegenüber, denen es nicht so gut ergangen ist wie uns, verbindet uns über weite Wegstrecken hinweg, liebe Freundin.

Durch deine Fürsprache, liebe Heidegret geschah am 11. Dezember 2002 das Wunder in der Schillerschule, worüber sich die beiden schwerstbehinderten Jungen „Pjotr" und „Mirek" sehr freuen konnten.

*

Um mich bei allen meinen Freundinnen und Freunden, die mir ans Herz gewachsen sind, zu bedanken, würden diese Aufzeichnungen Hunderte von Seiten füllen.

Kurz erwähnen möchte ich noch Barbara Gorska, mit unserer dreizehnjährigen Freundschaft, welche in der Radiologischen Universitätsklinik Heidelberg, Abteilung Röntgendiagnostik, begonnen hat. Dafür bin ich dem Schicksal sehr dankbar.

*

Für zehnjährige Freundschaft möchte ich mich bei Euch, liebe Barbara und lieber Manfred Schnuppe, von ganzem Herzen bedanken.

Die von Euch so schön gestalteten Sommerfeste, Lichterfeste im Oktober, Geburtstagsfeste und „Frauen-Nachmittage" in der heimeligen „Rosenburg" sind unvergessen.

*

Freundschaften sind Juwele, sie sind leuchtende Sterne am nachtschwarzen Himmel.

Freundschaften machen Mut, sie geben viel Kraft, den grauen Alltag lächelnd zu meistern.

Darum sei allen Menschen, die mich kennen und mögen, für ihre Freundschaft ein herzliches Dankeschön gewiss.

***

Rita Reutter
im Kreise ihrer Familie und Freunde

Weitere Bilder aus den Jahren 1979-2007

Tanja und Rita,
29.08.1979

Sükran, Rita und Dilek
im HD-Zoo, 08.09.1979

Tanja mit der
selbstgemachten Laterne
13.10.1979

Tanja 1979
am Heiligen Abend
(in der Markgräfler
Straße 1)

Rita und Tanja Reutter im Luisenpark
Mannheim 15.08.1981

Rita und Tanja Reutter auf dem Dilsberg
29. 07. 1984

Rita Reutter auf dem Parkplatz des Luisenparks,
Mannheim, 01.09.1984

Fasching 09.02.1985

Rita Reutter (oben) mit Doris Styron (unten)

Der 48. Geburtstag am 29.08.1986

Rita Reutter und Olga Jarrett, 13.05.1991

Rita und Dichterkollege Gustav, 29.08.1991

Rita und Tanja Reutter, 29.08.1996

Rita Reutter, fünfzig Jahre jung, 29.08.1988

Gerhard und Rita, 06.01.1998 (bei Anneliese)

Rita Reutter, 60 Jahre jung, 29.08.1998
Restaurant „Kurpfälzisches Museum", Heidelberg

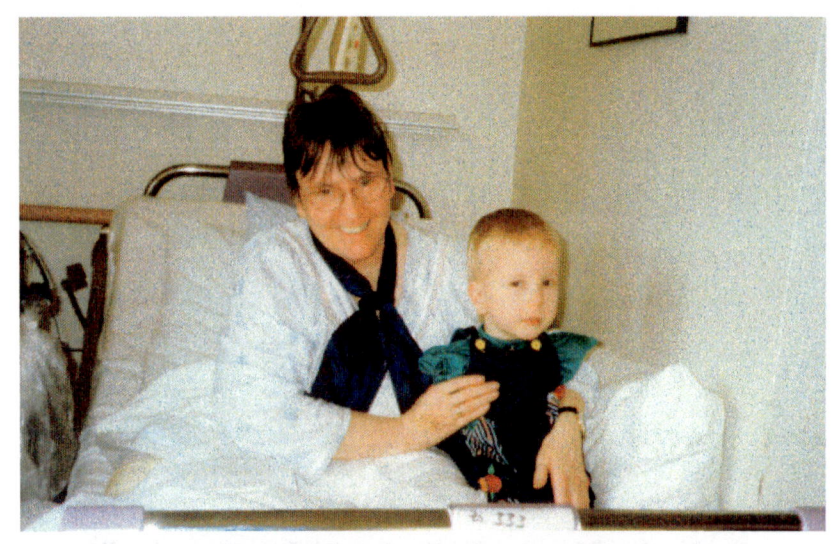

Rita Reutter mit Pjotr im Bethanien-Krankenhaus, Heidelberg, 29. 11. 1998

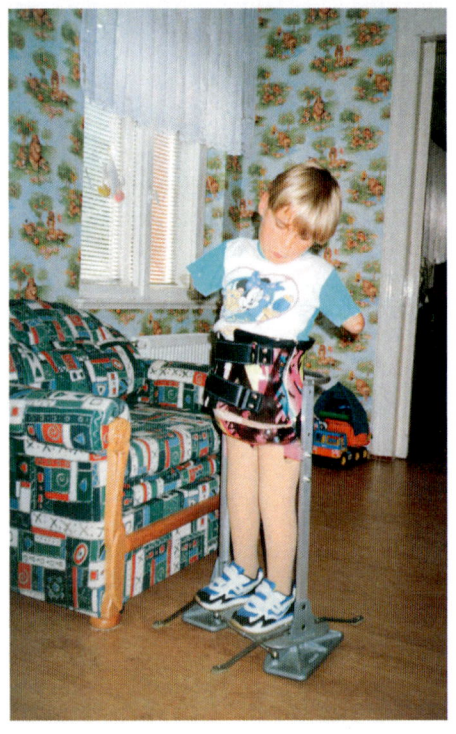

Mirek, 1999 (Foto Privat)

Rita und Anneliese, 06.01.2000

v.l.: Otto, Eva und Rita, 26.02.2000

Tanja, Otto und Hündchen Ari, 28. 05. 2000

v.l.: Nikolaj, Rita, Olga und Otto, 24. 06. 2000

Mit Freunden beim „Lichterfest" in der Rosenburg, 12.10.2002

Rita Reutter, Heidelberg,
Markgräfler Str.
23.11.2002

Rita Reutter mit Hündin Sally, 03.07.2003

Rita und Tanja Reutter, 20.01.2004

Rita Reutter mit Sally, 20.01.2004

Bild oben:
Rita Reutter, 18.05.2005

Rita mit Patenkind Elke
und Sally, 19.10.2005

Sally, treue Begleiterin der Familie...

...mit Rita und Tanja, 08.11.2005

Tanja und Otto Reutter

Vor dem Karlsruher Schloss (15.05.2006)

Rita Reutter und Sally

Rita, Dieter und Otto
auf dem Bierhelderhof
am 09.08.2006

...und Sally ist immer
dabei.

Am Heiligen Abend 2006

Rita Reutter genießt den Muttertag am 13.05.2007

Rita und Otto Reutter, 15.05.2007

Tanja, Otto und Rita Reutter und Hündin Sally,
29.08.2007

Rita Reutter als Schriftstellerin und im Kreise der Lit.-Gruppe „Vita Poetica"

Weitere Bilder aus den Jahren 1999-2005

Rita Reutter, 15.04.1999
Lesung im Bethanien-Krankenhaus, Heidelberg

Rita Reutter, 18.11.1999, Lesung in Neckargemünd

Rita Reutter, Lesung in der Friedrich-Ebert-Schule, Ilvesheim, 14.03.2001

Ausstellung in der Akademie für Ältere, Heidelberg,
Lit.-Gruppe „Vita Poetica" am 27.03.2001

Ausgestellte Werke
der Autorinnen und Autoren
der Lit.-Gruppe „Vita Poetica"
am 27.03.2001

Lesung im Spiegelsaal des Leimener Rathauses
09.12.2003

Im Kreise der Lit.-Gruppe „Vita Poetica"

18. Jahrestag am 30.11.2004
v.l. stehend: Dr. Jürgen Beß, Kulturdezernent der Stadt Heidelberg. Manfred Schnuppe, Silke Vogler, Christina Schneider, Werner Jacobsen, Ursula Berger, Eva Abramowski. v.l. sitzend: Rita Reutter, Thilde Hoppe-Hoyer, Barbara Schnuppe

19. Jahrestag am 29.11.2005
v.l.: Werner Jacobsen, Rita Reutter, Eva Abramowski, Thilde Hoppe-Hoyer und Barbara Schnuppe

PREISE + DANKSCHREIBEN

1. Beim Wettbewerb „Kinder in unserem Alltag", 1993 einen **Sonderpreis für die Kurzgeschichte „Mirko"** gewonnen.
2. Am 05. Oktober 1994 in der Villa „Reitzenstein" in Stuttgart vom Land Baden-Württemberg die **Staufermedaille** verliehen bekommen für das literarische und soziale Werk.
3. Im September 1999 für humanitäre Hilfsaktion vom Komitee zur Unterstützung der Integration Polens, Saarbrücken, den **„Pro-Polonia"-Preis** erhalten.
4. Vom Bundestagsabgeordneten Lothar Binding, Heidelberg im März 2000 für das Kinderbuch „Hermann, der kleine Bär" – Geschichten über Heidelberg – und die Arbeit als Leiterin in der Literaturgruppe „Vita Poetica", Akademie für Ältere, Heidelberg (im Hause der VHS) den **„Ehrenamtspreis"** bekommen.
5. Eine **Dank- und Anerkennungsurkunde** vom Land Baden-Württemberg für das Engagement in der Literaturgruppe „Vita Poetica" erfolgte im Juli 2002.
6. Vom SOS-Kinderdorf für 35jährige finanzielle Unterstützung am 29.05.2006 die **„SOS-Kinderdorf-Ehrennadel"** erhalten.
7. Bürgermeister Ing. Stanislaw Poczatek aus Dabrowa Tarnowska schickte mir am 14.03.2007 ein **Dankschreiben für die jahrelange finanzielle Unterstützung für den schwerstbehinderten Jungen „Pjotr Radon".**

***

WICHTIGE LESUNGEN

1. Friedrich-Ebert-Schule, Ilvesheim am 14.03.2001.
2. Schiller-Schule, Waghäusel (Kirrlach) am 11.12.2002.
3. Landhausschule, Heidelberg, im Rahmen der Baden-Württembergischen Literaturtage am 29.09.2004.

*

4. Drei Lesungen im Kulturtelefon Ludwigshafen:
   1987 Gedichte aus: „Vielfältiges Leben"
   1991 Gedichte aus: „Laß' mich an deiner Seite gehen"
   1994 Gedichte aus: „Ein Hauch Geborgenheit" – Lichtpunkte –

*

5. Am 15. April 1999 Autorenlesung im Foyer des Bethanien-Krankenhauses, Heidelberg, aus dem Buch „Der stumme Schrei".
6. Am 18. November 1999 Autorenlesung im Buchladen, inh. petra schoele, Neckargemünd aus den Büchern „Pummelchen und andere liebenswerte Geschichten und „Hermann, der kleine Bär" – Geschichten über Heidelberg –

*

7. Am 03.12.2005 Autorenlesung in der Leimener Buchhandlung, Gerlinde Becker, aus den Büchern „Sally Grünfuß" und „Hermann, der kleine Bär" – Geschichten über Heidelberg -

*

8. Neun Autoren-Weihnachtslesungen im **ALEX MÖLLER-Haus**, Heidelberg, vom **24. Dezember 1989 – 24. Dezember 1997.**

*

9. Von **240 Autoren-Lesungen** in der Literaturgruppe „**Vita Poetica**", Akademie für Ältere, Heidelberg (im Hause der VHS) in einem Zeitabschnitt von zwanzig Jahren (24.11.1986 bis 28.11.2006) **dreimal gefehlt** wegen:
    1. Femurfraktur rechtes Bein, im November + Dezember 1998
    2. Operation im Dezember 2000.

***

Bei der Studiengemeinschaft Darmstadt, Studien-Nummer 164518 von 1993/1994 ein Fernstudium der Schriftstellerei mit der Zeugnisnote Zwei absolviert.

***

AUSSTELLUNG

Vom 27.03.2001 waren vier Wochen lang Bücher, Kassetten und einige Aquarelle in der Akademie für Ältere (im Hause der VHS) Heidelberg, von den Autorinnen und Autoren der Literaturgruppe „Vita Poetica" in mehreren Schaukästen zu bewundern.

***

EIGENE VERÖFFENTLICHUNGEN

1. „Hallo Gipsbein", Gedichte, 1985
2. „Vielfältiges Leben", Gedichte und Aphorismen, 1987
3. „Pünktchen und andere Geschichten", Tierbüchlein, 1988
4. „Enttäuschte Hoffnungen", Kurzgeschichte, 1989
5. „Hallo Gipsbein", 2. erw. Auflage, Gedichte, 1989
6. „Die Kostbarkeit des Augenblicks", Gedichte und Geschichten, 1990
7. „Lass´ mich an deiner Seite gehen", Gedichte, 1990
8. „Ein Hauch Geborgenheit" – Lichtpunkte -, Gedichte und Geschichten - 1991
9. „Petras zweites Leben", Eine Erzählung aus Heidelberg, 1992
10. „Der stumme Schrei" – Hoffnungssplitter – Geschichten und Erzählungen, 1994
11. „Kleiner Sonnenstrahl", Gedichte und Aphorismen, 1995
12. „Pummelchen und andere liebenswerte Geschichten", Kinderbuch, 1997
13. „Leuchtende Spuren", Lyrikmappe, 1997
14. „Hermann, der kleine Bär" – Geschichten über Heidelberg - 1999
15. „Hermann, der kleine Bär" - Geschichten über Heidelberg - 2000, 2. Aufl.
16. „Balsam der Seele", Gedichte und Aphorismen, 2001
17. „Claudius und Brigitta", Geschichten und Erzählungen, 2002
18. „Sally Grünfuß" – Geschichten über Leimen, Heidelberg und Umgebung, 2003
19. „Der kleine Esel Pimpiku", Kinderbuch, 2004
20. „Ein Babysitter auf Reisen" – Vier Stationen - 2005

***

ZWEIMALIGE HERAUSGEBERIN

1. „Geburtstagsstrauß", Gedichte, 1996 - zehn Jahre Literaturgruppe „Vita Poetica"-
2. „POETEN-ANTHOLOGIE" - Zwanzig Jahre Literaturgruppe „Vita Poetica" - Gedichte, Geschichten und Illustrationen, 2006

***

Der Fehlerteufel gastiert auch hier,
pass´ auf, sonst wohnt er gleich bei dir.

Ein jeder ihn sehr gern vergisst,
und Keiner ohne Fehler ist.

Verjagst du ihn, so kommt er wieder
und singt gar fröhlich seine Lieder.

Die Zeit ist kurz, der Teufel lang,
pass´ auf sonst wird dir angst und bang,

triffst du auf ihn, so nimm ihn mit
und bring ihn bloß nicht mehr zurück.

Tanja Reutter

BÜCHER DER AUTORIN

erschienen bei Books on Demand

Bei Books on Demand GmbH,
Gutenbergring 53, D-22848 Norderstedt,
Tel. 040/534335-0
sind von **Rita Reutter** bereits erschienen:

Balsam der Seele
Gedichte und Aphorismen,
2001, 100 Seiten, Paperback,
Euro 11.15
ISBN 3-8311-1778-0

Claudius und Brigitta
Erzählungen und Geschichten,
2002, 195 Seiten, Paperback,
Euro 14.15
ISBN 3-8311-3692-0

Sally Grünfuss
Geschichten über Leimen, Heidelberg und Umgebung,
2003, 84 Seiten, Paperback,
Euro 14.85
ISBN 3-8334-0161-3

Der kleine Esel Pimpiku
Geschichten durch das Jahr,
2004, 88 Seiten, Paperback,
Euro 9.80,
ISBN 3-8334-1730-7

Ein Babysitter auf Reisen
- Vier Stationen -
2005, 194 Seiten, Geschichten,
Euro 14.55
ISBN 3-8334-2743-4

Die **fünf Titel** können über den stationären Buchhandel bezogen werden, ebenso wie über führende Internet-Buchhandlungen, zum Beispiel amazon.de oder libri.de.
Näheres zu den einzelnen Titeln finden Sie auch bei www.bod.de